KB210535

휠체어는
나의
날개

휠체어는 나의 날개

발행일 2019년 11월 20일 초판 1쇄

지은이 차인홍
발행인 고영래
발행처 미래사CROSS

주소 서울시 마포구 신수로 60, 2층
전화 (02)773-5680
팩스 (02)773-5685
이메일 miraebooks@daum.net
등록 1995년 6월17일(제2016-000084호)

ISBN 978-89-7087-122-6 03230

© 차인홍, 2019

이 책의 저작권은 저자와 도서출판 미래사CROSS가 소유합니다.
신저작권에 의하여 한국 내에서 보호받는 저작물이므로 무단 전재와 무단 복제를 금합니다.

* 가격은 뒤표지에 있습니다.
* 잘못 만들어진 책은 구입처에서 바꾸어 드립니다.

휠체어는
나의
날개

차인홍 지음

미래사CROSS

▲ 상트페테르부르크 필하모닉 오케스트라 지휘

▲ 라이트 주립대학과 센터빌 고등학교 오케스트라 합동 공연

▲ 라이트 주립대학 오케스트라 정기공연

▲ 바이올리니스트 에릭 그로스만(Eric Grossman)과 베토벤 바이올린협주곡 리허설

▲ 오케스트라 리허설과 연주하는 모습

▲ 바이올린 연주 장면

▲ 재활원 시절부터 동고동락하며 음악의 길을 가고 있는 친구들.
  베데스다 4중주단의 모습

▼ 미국 유학 시절, 강민자 선생님과
재회한 후 각별한 관계와 아름다운
만남이 지금까지 이어지고 있다.

▲ 코스모스가 흐드러지게 피어나던
5학년 가을, 강민자 선생님을 통
해 처음으로 바이올린을 접했다.

가장 아름다운 칠순잔치

▲ 성세재활학교 시절, 모차르트와 베토벤의 음악을 들려줬던 평화봉사단 젠 영과 약 28년 만에 하와이에서 재회했다.

▲ 바이올린을 사랑하게 된 후부터 내게는 연주회 기회가 기적처럼 자주 주어졌다.

▶ 예수님의 사랑과 돌봄의 모습을 친히 보여주셨던 김태경 목사님과 함께

▲ 1975년 6월 일본 오이타에서 열린 제1회 아태장애인 경기대회에
한국 대표로 출전, 휠체어 장애물 경기에서 금메달을 땄다.

▲ 1975년 일본 오이타에서 열린 제1회 아
태장애인 경기대회 한국 대표로 출전,
800미터 달리기에서 은메달을 땄다.

◀ 1981년 미국 유학 전, 전국 장애인 마라톤
대회에서 1등을 했다. 마라톤뿐 아니라 농
구, 양궁 등의 스포츠는 내게 건강한 정신
과 활력을 제공해줬다.

▲ 지휘자겸 리더로 이끌었던 아마빌레 실내악단. 1995년 대전 우송회관에서 연주했을 때

▲ 대전 극동방송에서 〈명곡의
산책〉을 진행했다. 1994년

▲ 사우스캐롤라이나 주립대학 박사 학위
지도교수(Dr. William Moody)와 함께,
1999년

▶ 대전 시립교향악단 지휘자 정두영
선생님의 초청으로 대전시향 악장
이 되어 귀국했다. 1990년 11월
정기연주회 협연 직전 대기실에서

In-Hong Cha, conductor
Jae-Hyouk Lee, piano
St. Petersburg Philharmonic Orchestra

Beethoven : Piano Concerto No. 5 in E Flat Major, Op. 73 "Emperor"
Mozart : Symphony No. 35 in D Major, K 385 "Haffner"
Barber : Adagio for Strings

▲ 상트페테르부르크 필하모닉 지휘 음반

▲ 라이트 주립대학 교수 4중주단의 제1바이올린 주자로 활동하고 있다.

▲ 스웨덴의 레나 마리아와 뉴욕 공연에서

▲ 2006년 해외 유공 동포 대통령상 수상, 시카고 총영사관

▲ 중국 베이징 중사모 시설 방문, 2009년

성찬교회 간증집회 당시, 2011년

▲ 지고지순한 사랑으로 다가왔던 아내와
교제하던 시절, 1981년

▲ 1984년 12월 15일 아내가 미국에 건너온
뒤 신시내티한인장로교회에서 결혼식을 올
렸다.

▶ 지금은 천국에 계실 사랑하는 어머님과의 한때,
1989년 뉴욕에서 석사 과정을 밟을 당시

제주도에서 장인 장모님과 우리 가족, 2011년 여름

감사의 오케스트라

우리 속담에 "원수는 물에 새기고 은혜는 바위에 새기라"는 말이 있습니다. 나를 힘들고 고통스럽게 했던 일은 흐르는 물에 씻듯 잊어버리고, 누군가 나를 도와주었던 일은 변하지 않는 바위에 새겨 영원히 감사하라는 의미입니다.

그러나 대부분의 사람들은 이와 다르게 살아갑니다. 어렵고 고통스럽게 했던 일들은 가슴에 새겨 절대로 잊지 않고, 사랑받은 일, 용서받은 일, 은혜 받은 일은 바람에 먼지를 날려버리듯 완전히 잊고 삽니다. 그래서인지 사람들의 고백 속에는 "내가 이렇게 고생했다", "내가 이렇게 악으로 깡으로 버텨냈다", "내가 이렇게 대단한 사람이다"라는 무용담적인 이야기가 자주 등장하고, 그들의 얼굴 또한 세월을 따라 거칠고 완악한 표정으로 일그러져 있는 걸 보곤 합니다.

그런 시대에 차인홍 교수님의 《휠체어는 나의 날개》의 출간은 우리에게 신선한 충격을 줍니다. 차 교수님만큼 많은 고난과 고통을 겪은 이가 드물 텐데도 이 책에서 고백하고 있는 한결같은 내용은 '은혜'와 '사랑'이기 때문입니다. 고난과 장애를 딛고 한국인 장애인 최초의 미국 음대 교수이자, 노래하는 바이올리니스트가 되었으며, 온몸으로 교향곡을 지휘하는 탁월한 지휘자가 되었음에도 불구하고 차 교수님의 글 칸칸마다 고백하고 있는 내용은 '감사'이기 때문입니다. 그래서 우리는 이 스토리를 읽는 동안, 인생의 폭풍우를 잘 지나가는 비결이 '받은 은혜에 대한 감사의 노래'를 부르는 데 있다는 것을 알게 됩니다. 왜 하나님께서 성경을 통해 "감사로 예배하는 자가 되라" 하셨는지에 대해서도 알게 됩니다.

무엇보다 나는 이 책이 차인홍 교수님의 얼굴 그대로를 진솔하게 드러내고 있는 듯해서 기쁩니다. 자신의 업적을 지나치게 과장해서 드러내는 법도 없고, 지나온 고통의 무게에 눌려 어두운 구석도 없이, 늘 온화하고 따뜻하며 겸손하고도 밝은 차 교수님의 인격과 모습을 문장 하나하나 속에서 만날 수 있었습니다.

아마 독자 여러분들 또한, 아무리 고단한 인생 속에도 하나님의 은총이 반드시 깃든다는 것을, 내가 노래할 감사의 제목도 반드시 있다는 것을 발견할 수 있을 것입니다. 이 사실을 발견하며 감사의 연주를 함께하게 될 때, 우리 모두의 인생에도 별빛을 보고 감사하면 달빛을 주시고, 달빛을 보고 감사하면 햇빛을 주신다는 말이 그대로 이루어지게 되리라 믿습니다.

―주대준(카이스트 부총장)

하나님의 선물

　　　　　차인홍 교수님은 눈이 맑다. 맑은 눈만큼 마음은 여리면서도 강하다. 한번 마음먹은 일은 쉽게 포기하지도 않고 대충 넘어가지도 않는다. 그러면서도 따뜻하고 이해심이 많다. 사람들을 믿고, 사람들을 좋아한다. 음악을 사랑하고, 음악을 연주하고 지휘하지만 결코 음악을 듣는 회중을 무시하지 않는다. 음악을 위해서 회중이 존재하는 것이 아니라 사람을 위해서 음악을 사용하는 분이시다. 차 교수님의 연주는 늘 마음에 감동을 주고, 사랑을 느끼게 한다. 상처 입은 사람들의 영혼에 깊은 평안과 위로를 주며 회복의 선율을 연주한다. 아마도 그것은 차 교수님 자신이 가난과 고통의 상황에서 소아마비라는 장애를 뛰어넘어 축복의 자리로 나아갔기 때문이라고 생각한다. 수많은 삶의 고비를 믿음과 땀과 노력으로 이겨냈고, 어려움에 처한 학생들에게 고통의 무게는 미래에 이루게 될 꿈의 무게라는 사실을 온몸으로 보여주셨다. 그래서 차 교수님은 우리 시대의 멘토다. 그분의 간증과 고백과 강의는 방황하는 모든 사람에게 용기를 주고 희망을 주는 메시지다.

차인홍 교수님은 신실한 믿음의 사람이다. 교수님은 성공했기 때문에 행복한 사람이 아니라 행복하기 때문에 성공한 사람이다. 삶의 고통과 아픔을 하나님의 관점으로 해석하고 선택하며 자신과 같은 장애와 불우한 환경의 어린이들에게 꿈과 소망의 그림을 보여주셨다. 믿음의 자리를 지키며, 늘 겸손하고 따뜻하며, 성실과 노력으로 성공을 이룬 아름다운 남자다. 모든 영광을 하나님께 돌리며 은혜를 잊지 않고, 현재에 머물지 않고 미래를 향해 도전하는 모험가다. 미국에서 한국으로 오는 비행기 안에서 잠을 한숨도 자지 않고, 악보를 외우고 연구해서 수많은 청중 앞에서 암보(暗譜)로 지휘하는 탁월한 지휘자다. 차 교수님과 대화를 나누고 그분의 환한 미소를 만난 사람은 행복한 사람이다. 왜냐하면 차 교수님을 통해서 예수님의 향기를 느끼기 때문이다. 그래서 그는 하나님의 축복의 통로다. 아내를 사랑하는 남편이며, 두 아들을 위해서 눈물로 기도하는 아버지다. 많은 상을 받고 많은 연주와 인터뷰를 하지만 언제나 우리 곁에 따뜻하고 순수한 영혼으로 첫 마음을 잃지 않으시는 분이시다. 그래서 나는 차 교수님을 사랑하고 존경한다. 그분의 삶의 고백인 이 책은 우리를 향한 하나님의 선물이다. 이 선물을 통해서 나를 향한 하나님의 마음을 읽을 수 있기를 기도한다.

－박종길(온누리교회 양재성전 담당목사)

연주를 듣는 듯한 감동으로

When In-Hong Cha asked me to write a forward for his book, I felt incredibly honored. A world-class musician, conductor, and teacher, Dr. Cha is an inspiration to all who know him.

We are especially privileged to have Dr. Cha as an esteemed member of our music department faculty at Wright State University. Over the years, I have watched Dr. Cha mentor hundreds of young musicians. Our students respect Dr. Cha not only for his tremendous talent, but also for his perseverance, strong will, and unbreakable spirit.

Dr. Cha's story is a tale of an extraordinary young man who never let his disability define him or deter him from achieving his dreams. Just as the notes soar from Dr. Cha's violin to the depths of our hearts and souls, his words rise up from the page and find a permanent home in our memories.

If you have ever had the pleasure of watching Dr. Cha perform live, you know it is an experience you never forget. The same can be said of reading his new book. Dr. Cha's inspiring story of triumph over tragedy and joy over despair will remain in your heart forever.

David R. Hopkins, President
Wright State University
Dayton, Ohio, U.S.A.

차인홍 교수님으로부터 책 서문을 의뢰받아 무한한 영광입니다. 세계적인 음악가이며 지휘자인 동시에 교수인 차 교수님은 그를 알고 있는 모든 사람들에게 영감을 주는 사람입니다.

우리 라이트 주립대학 음대에 많은 이들에게 존경받는 차인홍 교수님을 모시게 됨은 대단한 특권입니다.

저는 지난 수년 동안 차 교수님이 많은 젊은 음악도들에게 멘토로서의 역할을 해오는 것을 지켜봐왔습니다. 우리 학생들은 차 교수의 대단한 재능뿐만 아니라 그의 인내력, 강한 의지력과 함께 그의 불굴의 정신력에 경의를 표합니다.

차 교수님의 인생 이야기는 신체장애로 자신을 한정하거나 자신의 꿈을 이루는 데 장애를 허용치 않은 한 비범한 젊은 사람의 이야기입니다. 차 교수님의 바이올린 선율이 우리의 마음과 영혼 속에 비상하듯이 그의 이야기가 책갈피로부터 우리의 기억 속에 영원한 안식처를 찾게 해줄 것입니다.

여러분께서 차 교수님의 연주를 실제로 들어본 적이 있다면 결코 잊지 못할 경험인 것을 아실 것입니다. 이 책을 읽음으로써 같은 경험을 하게 될 것입니다. 비운으로부터의 승리, 절망으로부터의 기쁨인 차 교수님의 감동적인 이야기는 여러분의 마음속에 영원히 남을 것입니다.

— 데이비드 홉킨스(라이트 주립대학 총장)

내가 받은 사랑을 통해 고백합니다.
하나님의 이름이 바로 '사랑'입니다.

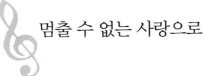

멈출 수 없는 사랑으로

한 해를 마무리하는 이즈음, 1년 동안 미국을 비롯한 여러 나라에 연주회를 다니느라 비행기를 탄 횟수를 세어보니 30여 차례나 되었습니다. 지인들에게 그 사실을 말하자 "차 교수 피곤해서 어쩌냐?"며 혀를 끌끌 찼습니다. 그러나 정작 나는 그 시간들을 피곤함으로 여겨본 적이 단 한 번도 없었습니다. 연주회가 즐겁고 행복할 뿐 아니라 비행기를 타는 그 자체도 내게는 매우 즐겁고 특별한 시간이기 때문입니다.

특히 나는 비행기에서 창가 쪽 좌석에 앉아 점점 멀어져가는 지상 위 풍경을 바라보는 걸 너무도 좋아합니다. 지상의 풍경이 멀어질수록 더 많은 풍경이 한눈에 들어오기 때문일까요? 나는 비행기가 하늘 높이 올라갈수록 더 많은 풍경을 가슴에 다 품은 듯한 충만함에 큰 소리라도 지르고 싶을 지경이 되곤 합니다.

창 밖 세상을 바라볼 때마다 내가 이런 충만함과 자유를 느끼는 건 아마도 어린 시절의 경험 때문일 것입니다.

내게 소아마비가 찾아온 두 살 이후, 나의 놀이터는 방 안이나 마루인 경우가 많았습니다. 그때마다 담 너머에서 들려오는 동네 아이들의 뛰노는 소리는 언제나 내 귀를 자극했지요. 오전이면 놀고 싶고, 오후가 되면 뛰고 싶고, 저녁이 되면 날고 싶은 마음이 들 수밖에 없었습니다. 그러다가 참을 수 없을 지경이 되면 나는 형님 들으라는 듯 고래고래 소리를 질렀습니다. 나 좀 밖에 데려다 달라는 항변이었습니다.

그럴 때 형님은 나를 업고 동네 버스 정류장으로 향했습니다. 그곳이 마침 버스 종점이었던 터라 빈 버스가 오면 나를 버스 맨 앞자리에 앉혀서 반대편 종점까지 왕복으로 실컷 다녀오라는 뜻이었습니다. 방구석에만 살아야 하는 나를 위한 형님의 절묘한 아이디어였던 것입니다.

그때 나는 운전석 바로 뒷자리에 앉아 그 큰 창문 너머로 세상을 바라보는 걸 너무도 좋아했습니다. 내 눈 앞에 펼쳐진 세상의 큰 길, 작은 길 하나하나 다 놓치지 않으려고 얼마나 열심히 보고 또 보았는지 모릅니다. 심지어 기사 아저씨의 운전하는 모습을 하도 열심히 본 덕분에 나중에 미국에서 운전을 배우던 첫날부터 고속도로까지 직접 운전하여 나갈 수 있을 정도였습니다.

이 정도 되면 매의 눈을 가졌다고 말할 수 있을까요? 어디에 뭐가 숨겨져 있는지, 저 길은 어디로 통하고, 그 길의 시초는 어디서부터 시작되는지 나는 남다른 눈으로 관찰하기를 즐겨하는 사람이었습니다.

그래서였나 봅니다. 10년 전, 나의 이야기가 처음 방송이나 사람들에게 소개되면서 나는 지나온 나의 생을 매의 눈으로 바라보고 싶었습니다. 내가 정말 사람들이 말하는 대로 장애와 가난과 고통을 딛고 성공한 사람인지, 만약 내가 성공했다면 무슨 이유로 성공했는지, 내게 정말 사람들에게 들려줄 따뜻한 이야기가 있는지를 창공을 나는 매가 한눈에 모든 풍경을 정확하게 살펴보듯, 내 생애를 살펴보고 싶었습니다.

그때 나는 한 가지 사실을 보게 되었습니다. 소아마비로 걸을 수 없었던 두 살 때부터 나의 앞에, 나의 뒤에, 그리고 나의 좌우 옆에 누군가가 계셨다는 사실입니다. 그 누군가가 나의 앞뒤, 좌우에서 나와 함께 계셨기에 내가 여기까지 이를 수 있었다는 게 숨길 수 없는 사실이었습니다.

그 사실을 발견하고 쓴 나의 첫 번째 책이 《아름다운 남자, 아름다운 성공》이었습니다. 나는 그 책을 통해 가난과 아픔과 장애를 가진 한 아이가 얼마나 많은 사랑을 받으며 여기까지 왔는지에 대한 한 편의 러브 스토리를 쓰고 싶었습니다. 한 사람을 향하신 하나님의 사랑이 얼마나 크고 열정적인지를 말하고 싶었습니다.

그리고 10년의 세월이 지났습니다. 그 사이 나의 첫 번째 책은 절판되었지만, 나를 향하신 하나님의 사랑은 멈출 줄 몰랐습니다. 그분은 계속해서 나를 세워주셨고, 내가 많은 사람들에게 사랑받도록 이끌어주셨습니다. 나는 그 사랑을 받으며 하나님의 이름이 바로 '사랑'이었다는 사실을 많은 사람들에게 간증하지 않을 수 없었습니다.

그러자 어떤 목사님께서 간증을 하는 내게 이런 격려를 해주시더군요. "차 교수님은 마음껏 자랑하셔도 됩니다. 차 교수님이 마음껏 자랑을 해도 그 자랑이 차 교수님 자랑이 아니라는 걸 사람들은 다 압니다"라고 말입니다. 그 말씀을 듣고 보니 나도 고개가 끄덕여졌습니다. 내게는 나를 자랑할 만한 아무런 근거나 배경이 원래부터 없었기 때문입니다. 이 책에서 고백하듯이, 나는 처음부터 천재도 아니었고, 부자도 아니었으며, 남다른 신체적 조건을 가진 사람도 아니었습니다. 즉, 나 자신을 자랑할 게 아무것도 없는 사람이었다는 뜻입니다.

그런 내가 무언가를 조금이라도 이룬 게 있다면 그건 내가 이룬 게 아니라 나의 앞뒤, 좌우에 계신 그분이 이룬 것이었습니다.

나는 이 책을 통해 그와 같은 이야기를 다시 하고 싶었습니다. 나 같은 사람을 자신의 목숨처럼 사랑해주시는 어떤 분이 있음을, 나 같은 사람도 반석 위에 세워주시는 어떤 분이 있음을 말하고 싶었습니다.

이 마음으로 나는, 첫 책에서 말하지 못했던 이야기들과 그 시절에는 다 보지 못했던 풍경들을 새롭게 이 책에 담아보았습니다.

책을 출간하면서 지나온 시절을 돌아보니 고마운 이들의 얼굴이 수도 없이 지나갔습니다. 그중에서도 아들의 활짝 펴진 어깨를 보지 못한 채 천국에 가신 아버지, 어머니께 이 책을 바치고 싶었습니다. 또한 내가 가장 초라한 모습일 때부터 지금까지, 한결같은 사랑과 기도로 함께해준 아내와 든든하고 사랑스런 두 아들 차진, 차용에게도 고마움과 사랑의 마음을 전합니다.

무엇보다 나를 빚으시고 나를 이 땅에 태어나게 하시고 나를 이끄시어 여기까지 오게 하신 내 인생의 마에스트로 그분께 감사를 드립니다.

2012년 12월
라이트 주립대학 교수연구실에서

| Contents |

Allegro 1악장_ 사랑은 우리에게 악기를 건넨다

Andante 2악장_ 사랑은 슬픔마저도 함께하는 것이다

Allegro

사랑은 우리에게 악기를 건넨다

모든 인생은 선물이다

넘을 수 없는 장벽 앞에서

"교수님, 내 인생은 바닥입니다. 저는 넘사벽 앞에 서 있어요."

매일 아침, 커피 한 잔을 들고 교수실로 출근하는 나는 이런 이메일을 종종 보곤 합니다. 메일 안에는 신체장애로 인한 고통 뿐 아니라 가난과 질병, 진로의 문제로 몸부림치는 청춘들이 있 습니다. 누리꾼들이 사용하는 은어인 '넘을 수 없는 사차원의 벽'이란 뜻의 '넘사벽'은 비단 청춘들만 경험하는 일이 아닐 것 입니다. 철옹성 같은 인생의 장벽 앞에서 한없이 작아지다 못해 이젠 하늘조차 보이지 않는다는 40~50대 중년들의 눈물겨운 소식들도 적지 않게 들려오는 시대니까요.

내가 가난과 소아마비 장애를 딛고, 성공한 미국 대학 교수로, 또 바이올리니스트로, 오케스트라 지휘자로 방송에 몇 번 소개되었기 때문일까요? 세계 어디를 가든, 인생의 장벽을 넘어서는 특별한 비법을 물어오는 이들이 적지 않습니다. 저마다의 한계 앞에서 좌절하며 울고 있는 영혼들이 그만큼 많다는 뜻일 것입니다.

나는 그런 이야기가 나올 때마다 내가 그토록 막막함을 느끼던 때가 언제였나 돌아보곤 합니다. 넘어서지 못할 벽을 만난 것 같았을 때, 미래가 있다든지, 소망을 가져보라는 말들이 너무도 아득하고 멀게만 다가왔던 때를 헤아려보곤 합니다.

두 살 때 양쪽 다리에 소아마비가 찾아왔을 때였을까요? 아니면 아홉 살 어린 나이에 나 홀로 재활원에 맡겨졌을 때였을까요?

아닙니다. 그래도 그때는 동심이 있어 좌절이란 단어가 나를 사로잡지 못했습니다. 그보다 조금 더 자라 자의식이 생기고 미래를 계획하기 시작할 그 무렵에 비로소 나는 세상의 거대한 벽을 보기 시작했던 것 같습니다.

1970년대 후반쯤이었을 것입니다. 당시 나는 재활원에서 생활하다 1년 동안 일본에 다녀온 적이 있습니다. 이후, 1976년도부터 '베데스다 현악 4중주단'의 제1바이올리니스트로 활동을 했습니다. 나를 포함해서 네 명의 재활원 출신의 아이들로 구성된 베데스다 4중주단은 그 구성에서부터 활동에 이르기까지 순전히 주변 분들의 도움으로 움직이곤 했습니다.

그 일환으로 한 번은 대전의 목원대학교에서 열린 오케스트라 겨울 합숙훈련에 참여하게 되었습니다. 휠체어를 타거나 목발을 짚은 우리들에겐 초등학교 졸업장밖에 없었지만, 대학생들과 연배가 비슷하니 참여해도 된다는 주변 분들의 배려로 합숙훈련에 참여하게 된 것이었습니다.

난생 처음 가보는 대학교라는 낯선 공간에서 합숙훈련을 한다니 기대와 설렘도 있었습니다. 그러나 시간이 지나면서 내가 느낀 것은 냉혹한 현실에 대한 자각이었습니다. 다른 대학생들과 함께 같은 장소에서 자고 일어나고 연습하고 씻고 움직이다 보니 그들의 운신이 얼마나 자유로운가가 보였습니다. 아니, 내가 얼마나 불편한 몸을 가졌는지, 얼마나 느린지, 얼마나 답답한지가 느껴졌습니다. 어린 시절부터 좋은 가정에서 정규 과정의 음악 수업을 받고 자란 그들의 배경도 내게는 넘을 수 없는 벽으로 다가왔습니다. 먹을 것도 제대로 없는 재활원에서 생활하다 뒤늦게 바이올린을 접하게 된 우리들의 음악 수업 과정과 그들이 받은 과정은 달라도 너무 달랐습니다.

합숙훈련을 하는 동안 그 엄청난 차이를 실감하면서 내 입에선 나도 모르게 "아……" 하는 탄식이 나왔습니다. 그동안 살면서 한 번도 느껴보지 못했던 세상의 거대한 벽을 마주한 심정이랄까요. 그 벽이 너무 거대하고 단단해서 나는 '어떻게 해야 저 벽을 넘을 수 있을까?' 라는 생각조차 가져보지 못했습니다.

초등학교 졸업장, 가난, 생존, 휠체어……. 내가 가진 조건이나 배경을 다 헤아려보니 내 힘으로는 결코 어떤 미래도 보장받을 수 없다는 사실과 맞닥뜨렸습니다. 더군다나 그렇게 수많은 사람들이 어려서부터 음악 공부에 투자하며 매달려도 나중에 연주자로 살아남는 사람은 1퍼센트도 안 된다는 사실을 생각하면 나는 숫제 가능성조차 없는 사람으로 여겨졌습니다. 미래를 경영하거나 미래를 꿈꾼다는 말조차 꺼낼 수 없었던, 아니 그 생각만 해도 움츠러들지 않을 수 없었던 그 벽 앞에서 나는 아무 말도, 아무 생각도 할 수 없었습니다.

그러나 그때 내가 느꼈던 한계나 절망과 달리, 30여 년이 지난 지금, 나는 유명한 사람은 아니지만 바이올린을 연주하고 있고, 오케스트라를 지휘하고 있으며, 대학 강단에서 학생들에게 음악을 가르치고 있습니다. 또한 휠체어를 타고 자유롭게 전 세계를 돌며 연주하는 사람으로 살고 있습니다.

결코 넘어설 생각조차 못했던 그 벽을 나는 언제 넘어섰던 것일까요? 아니, 내 조건과 능력으로는 결코 넘어설 수 없었던 그 벽을 대체 누가 넘어서게 했을까요? 나 같은 사람이 어떻게 그 벽을 넘어서게 되었을까요?

나는 아픈 청춘들을 만날 때나 혹은 음악을 하는 기쁨을 누릴 때면 종종 이 질문을 스스로에게 던져보곤 합니다. 그 질문에 대한 답을 찾으면 나도 누군가의 처진 어깨를 조금이나마 일으키는 데 도움을 줄 수 있을 것 같아서입니다. 그것이 '스펙'보다 '스토리'가 중요하다는 이 시대에 나의 이야기를 이 책에 풀어놓는 이유입니다.

광야를 지나 더 깊은 골짜기로

유독 운전하기를 좋아하는 나는 최장 3,000마일(4,800킬로미터)까지 운전했던 적이 있습니다. 서울에서 부산까지의 거리가 약 450킬로미터인 점을 감안하면 약 그 열한 배의 거리를 달린 셈입니다. 미국 유학 도중 가족들이 이사해야 할 때가 되자 따로 비행기를 탈 여건도 안 되고 해서 감행했던 일입니다.

그렇게 미 대륙을 횡단할 때 나는 갖가지 풍경을 보았습니다. 산, 들, 호수, 도시, 시골……. 그리고 때론 사막과 같은 황량한 곳을 오랜 시간 달려야 하기도 했는데, 그런 곳을 지날 때가 밤 시간일 때는 그 지루함과 외로움에 가슴을 쓸어내지 않을 수 없었습니다. 가도 가도 끝이 없고 그 길이 그 길인 것 같은 길 위에

서니 내가 운전을 하는 건지, 이 길의 끝에 과연 다른 길이 보일지 의심마저 들 지경이었습니다.

그러나 끝이 없을 줄 알았던 황량하고 거친 사막과 같은 길의 끝에는 내가 그려보지도, 상상해보지도 못했던 세계가 나온다는 걸 그때 경험했습니다. 이 광야와 같은 길을 지나지 않고서는 누구든 목적지에 도달할 수 없다는 사실도 대륙을 횡단하는 동안 새삼 알게 되었습니다.

그러자 문득 돌아보게 되더군요. 태어난 지 한 해 만에 들어서게 된 내 인생의 첫 광야길, 그 막막하고 답이 없는 길 위에 서서 고군분투하던 그 시절이 파노라마처럼 눈앞에 펼쳐졌습니다.

가족들의 축복 속에 6남매 중 막내로 태어났습니다. 돌이 될 무렵, 나는 다른 아이들처럼 벽을 잡거나 서랍장 같은 곳을 짚고 일어나 걸으려고 애쓰곤 했습니다. 그런데 웬일인지 짚었던 손을 놓고 걸으려고 하면 힘이 없어 픽픽 쓰러지더니 온몸에 고열이 났다고 합니다. 가족 중 누구도 예상하지 못했던 '소아마비'라는 병마가 내게 찾아왔던 것입니다. 모두들 심한 감기라고만 여겼을 뿐, 그게 내 인생을, 아니 우리 가족의 인생을 바꿔놓을 것이라고는 아무도 예상하지 못했습니다.

결국 나는 양쪽 다리 모두를 못 쓰게 되었습니다. 한쪽 다리는 완전히 힘을 잃었고, 나머지 한쪽에도 약간의 힘이 남아 있을 뿐, 그 발에 의지해 목발을 짚을 만큼도 되지 못했습니다. 당연히 휠체어를 타야만 할 상황이었지요. 하지만 그 시절, 휠체어라는 게 있다는 사실도 모를 만큼, 한국 땅은 그리고 우리 가정은 어려웠습니다. 대전에서 가게를 했던 걸로 보아 우리 집 살림살이가 아주 가난하지만은 않았던 것 같은데 그 후 나의 치료비를 감당하느라 가지고 있던 것마저 다 쏟아부었으니 소아마비가 나와 우리 집을 그전까지와는 전혀 다른 길로 들어서게 했던 것은 분명합니다.

어머니는 나를 업고 용하다는 점쟁이를 찾아다니기도 하시고, 소문난 한의사를 찾아가 침을 맞게도 하셨습니다. 어느 해인지는 모르지만 형의 등에 업혀 이른 새벽마다 산꼭대기에 올라 정화수를 떠놓은 채 기원을 올리는 형의 모습을 우두커니 봐야 했던 일도 기억납니다. 온 가족이 나의 치료를 위해 매달렸던 그 몇 해를 보내는 동안 가족들은 하루빨리 이 길이 끝나기만을, 아니 속히 새로운 길이 나타나기만을 바라고 또 바랐을 것입니다.

그러나 설상가상으로 내가 일곱 살 되던 해부터 아버지마저 병에 걸려 다니던 직장을 그만두셨고, 몸져누우시는 날이 많았습니다. 어깨가 무거워진 어머니는 고심 끝에 가게 문을 닫고 학교 주변으로 이사하시어 하숙집을 운영하셨습니다.

몸져누우신 아버지, 목발도 제대로 짚지 못해 몸을 끌며 방안에서만 생활하는 아들, 하루 종일 하숙생들 뒤치다꺼리 하느라 말도 못하게 고단하신 어머니……. 내가 초등학교에 들어가야 할 그 무렵, 우리 집은 그렇게 녹록치 않은 상황 속에 놓여 있었습니다. 내가 태어난 지 1년 만에 들어서게 된 광야길도 모자라, 그때 즈음의 우리 가족은 더 깊은 골짜기로 들어서고 있었습니다.

누구나 가야 하는 길이라면

1965년. 여덟 살이 된 내게 초조함과 두려움이 찾아들었습니다. 남들이 다 가는 초등학교에 나는 입학조차 할 수 없었기 때문입니다. 혼자서 거동하지 못하는 나를 아버지나 어머니가 전적으로 돌보지 않는 한 학교생활을 한다는 건 엄두조차 낼 수 없었지요. 병든 아버지, 가족들의 생계를 책임져야 하는 어머니가 내게만 매달려 학교생활을 하도록 하기에는 우리 집 형편이 허락하지 않았습니다.

내가 아홉 살 되던 해에 '성세재활원'이라는 장애인 시설에 맡겨질 수밖에 없었던 것은 그런 까닭이었습니다. 그곳에 가면 최소한 초등학교 과정을 이수할 수 있다는 이유로 아홉 살이라는 어린 나이에 나는 부모님 품을 떠나 나와 같은 장애를 가진 아이들의 집단 생활지인 재활원에 맡겨졌던 것입니다.

당시 남대전성결교회 장로님이자 의사셨던 남시균 이사장님의 헌신으로 세워진 성세재활원은, 아이들 몇을 개인적으로 돌보시다가 아이들이 늘어나는 바람에 그분의 사재를 털어 시설을 세운 후 정부의 보조를 받아 운영하는 곳이었습니다. 시설에 모인 아이들의 인원은 자그마치 120여 명. 그중 절반은 나처럼 부모가 있어도 학교에 보낼 수 없는 아이들이었고, 나머지 절반은 부모가 없는 고아들이었습니다.

　　정부 보조가 열악했던 시대상을 반영하듯, 재활원의 운영 현실은 매우 열악했습니다. 냄새 나는 방, 강냉이죽과 국수로 때워야 하는 식사, 더위와 추위에 무방비한 시설, 넘쳐나는 고아들……. 1960년대 중후반의 한국 현실이 그러했듯, 재활원의 실상은 비참하기 그지없었습니다. 어느 날 갑자기 함께 놀던 친구가 영양실조로 쓰러지기도 했고, 겨울이면 거의 모두가 동상에 걸려 밤새 발가락을 긁어야 했습니다.

　　그런 일들을 미리 예감이라도 했던 것일까요? 재활원에 맡겨지던 날부터 나는 무어라 형언하지 못할 충격에 휩싸였습니다. 그리고 며칠 뒤의 어느 날 밤엔 불현듯 잠에서 깨어나 창문 너머의 달빛을 바라보다가 가슴이 철렁 내려앉는 충격에 휩싸였습니다. 개구리 소리만이 한밤중의 적막을 깨우던 그 시각, 사십여 명의 아이들이 잠든 방 너머로 휘영청 달은 높이 떠 있고, 나는 눈을 뜬 채 내 가슴 속에 밀려들어온 고독감을 꼼짝없이 견디고 있었습니다.

'아, 나 혼자구나!'

이제는 모든 걸 혼자서 헤쳐나가야 한다는 현실이 느껴지자 앞날에 대한 두려움이나 슬픔 같은 감정이 점점 덩어리가 커지면서 나를 사로잡았습니다.

'강해져야 한다. 강해져야 살아갈 수 있다!'

실존적 고독감을 느꼈던 것일까요? 아홉 살의 어린아이가 갖기에는 아직 이른 그런 감정 앞에서 나는 엉엉 소리 내어 울고 싶었지만, 강하게 견뎌내야 한다는 또 다른 마음이 툭 터질 것 같은 눈물을 애써 가두고 있었습니다.

그 후, 나는 재활원 생활을 하면서 친구들과 곧잘 어울려 지내는 평범한 아홉 살 어린아이로 지냈습니다. 하지만 이따금씩 그날의 그 마음이 나를 두드리곤 했습니다. 허허벌판 논밭에 달랑 하나 세워진 재활원 건물의 특성 때문인지, 그 서늘하고 커다란 재활원의 창문을 보고 있노라면 한겨울이든 한여름이든, 봄이든 가을이든 왜 그렇게 가슴 한 구석이 시려왔는지 모르겠습니다.

그 때문에 나는 방학 동안 집에서 지내다가 다시 재활원으로 들어갈 때면 멀리서 그 건물만 봐도 눈물을 흘리며 떼를 쓰곤 했습니다.

"엄마, 싫어. 나 안 갈래. 나 집에서 그냥 살면 안 돼? 나 재활원 가기 싫어. 엄마 나 두고 가지 마. 엉엉."

어떤 날은 내가 울음을 그치지 않은 채 떼를 쓰면 어머니는 눈물을 훔치며 나 몰래 집으로 돌아가기도 했습니다. 학기가 시작될 때마다 그렇게 홍역을 치르듯 난리법석을 부리며 재활원 생활을 시작했습니다.

그러면서 차츰 알아갔지요. 밤마다 이따금씩 찾아오는 그 서늘한 외로움과, 배가 고프다 못해 때로는 아프기까지 한 그 고통을 이제는 내 것으로 받아들이며 살아야 한다는 것을……. 이 과정을 피할 수 없다면 나는 묵묵히 그 길을 걸어 지나가야 한다는 것을…….

그리고 수년의 세월이 흐른 뒤 나는 성경을 읽다가 그때의 내 상황을 정확히 묘사한 말씀을 찾게 되었습니다. 모두가 너무나 잘 아는 시편 23편 말씀입니다. 목동이었던 다윗이 하나님을 목자로, 우리를 양으로 묘사하면서 불렀던 노래입니다.

여호와는 나의 목자시니 내게 부족함이 없습니다.
그가 나를 푸른 풀밭에서 쉬게 하십니다.
여호와는 나를 잔잔한 물가로 이끌어 쉬게 하시며
나에게 새 힘을 주십니다.
자신의 이름을 위하여, 주님은 나를 의로운 길로 인도하십니다.
내가 음산한 죽음의 골짜기를 지나게 된다 하더라도
나는 겁나지 않습니다.

그것은 주님께서 나와 함께 계시기 때문입니다.
주님의 막대기와 지팡이가 나를 든든하게 보호해줍니다.

시편 23편 1~4절

어려운 시절의 이야기를 하면서 푸른 풀밭, 쉴 만한 물가로 인도하시는 하나님을 노래한 이 성경 말씀이 그 시절의 노래라는 나의 얘기가 황당하게 들릴지도 모르겠습니다.

그러나 이 시편을 읽으면 양인 나를 결국엔 푸른 풀밭, 쉴 만한 물가로 인도하시려는 하나님의 진심 어린 마음이 매우 생생하게 느껴집니다. 나중에서야 알게 된 일이지만, 그때 내가 지나가야 했던 깊은 사망의 어두운 골짜기는 물가가 있는 푸른 풀밭으로 가기 위한 관문이요, 과정이었습니다. 그분은 나를 어둠 속에 갇혀 살라고 그 깊은 골짜기까지 끌고 가신 게 아니라, 그 골짜기를 지나야 푸른 풀밭이 나옴을 아시기에 나를 그곳까지도 인도하셨던 것입니다. 그래서 이 시를 지은 다윗은 무서운 짐승들로 인한 온갖 해害가 두렵지 않다고 고백했습니다. 고난의 골짜기를 지나는 동안 늑대와 승냥이들이 우리를 위협하며 마치 잡아먹을 듯 노려보아도 목자 되신 주님이 나를 안전하게 보호하고 계실 뿐 아니라, 언젠가는 반드시 그곳을 지나 푸른 초원에 도달하게 하시기 때문입니다.

이 사실을 알면 끝없는 고통의 시절을 보낼 때도 두려움에 떨지 않게 됩니다. 골짜기가 깊다는 것은 이 어둠에 종지부를 찍을 날이 다가오고 있다는 신호라고 보면 되니까요.

물론 나는 한참이 지난 후에야 그때 그 시절의 골짜기도 주님의 보호와 인도하심 속에 지나왔다는 사실을 알게 되었습니다. 하지만 내가 그런 사실을 몰랐던 그 시절에도 목자 되신 주님께서는 나와 함께해주셨고 나를 보호하고 계셨으며 배고프고 외로운 재활원의 방에서 나를 돌봐주고 계셨습니다. 지나고 나서 돌아보니, 내가 지나온 발자국마다에 그분의 돌보시는 은혜가 새겨져 있었습니다.

네가 아직 나를 몰랐을 때, 나는 네 이름으로 너를 불렀다.
나는 여호와다. 나 외에 다른 하나님은 없다.
네가 나를 알지 못하나, 내가 너를 강하게 해주겠다.
이사야 45장 4~5절

누군가 있을지도 모른다

미션스쿨로 세워진 성세재활원에 들어가면서부터 나는 난생처음 새벽예배와 성경공부라는 것을 해보았습니다. 하나님, 예수님, 성령님의 존재에 대해 처음으로 눈을 뜨게 되었지요.

하지만 그때 당시 하나님과의 관계는 풍성하지도, 자유롭지도 못했습니다. 그 춥던 겨울에도 새벽이면 어김없이 일어나 새벽 예배를 드려야 했던 일이나, 무더운 한여름에도 부흥회에 참석 해야만 하는 일 등이 너무나 힘겨운 노동으로 다가왔기 때문입 니다. 뭐랄까요, 하나님은 참 좋으신 분인데, 그 좋으신 하나님 을 가르쳐주고 알려주는 일들이 무척이나 원칙적이고 강압적이 었다고 해야 할까요. 하나님을 예배하고 그분께 기도하는 것이 우리에게 주어진 은혜이고 특권인데도, 그것을 마치 노역처럼 느끼도록 했던 신앙 교육은 어린 우리들에게 하나님과의 경직된 관계를 이끌었던 것 같습니다.

하지만 그렇게 시작된 하나님의 존재에 대한 겨자씨 한 알만 한 인식은 훗날, 어느 교회의 사랑을 받으면서부터 사랑의 하나 님을 받아들이도록 이끌어주는 불씨가 된 것도 사실입니다. 사 랑의 하나님을 만나고 나니 새벽예배가 더 이상 고역이 아니라 기쁨이고 때론 설렘이란 사실도 뒤늦게 알게 되었지요. 요즘도 가끔 새벽예배를 갈 때면 마치 연인을 만나러 가는 사람처럼 기 쁨과 기대가 가득합니다.

어찌됐든 내가 재활원에서 하나님에 대해 처음으로 알고 믿을 수 있었던 것 역시 하나님께서 나를 그곳으로 인도하셨기 때문이 라 생각합니다. 나를 사랑하셔서 나와 함께하시고 나를 돌보시며 가장 좋은 곳으로 인도하시는 하나님의 존재를 나는 그때부터 의식적으로든 무의식적으로든 알아가고 있었습니다.

'누군가가 있을지도 모른다. 내 앞에서, 내 뒤에서 나를 위해 끊임없이 도우시고 일하시는 누군가가 있을지도 몰라.'

실제로, 재활원에서 내게 펼쳐진 여러 일들은 누군가 나를 위해 의도적으로 계획하지 않으면 결코 일어날 수 없는 일들의 연속이었습니다. 내가 집에서 살았더라면 결코 경험할 수 없었을 특별한 일들, 특별한 교육들, 특별한 경험들이 내게 줄줄이 이어지고 있었으니까요.

내게 주어진 악기

재활원에서 생활하면서 내게는 노래 부를 기회가 종종 주어졌습니다. 그때마다 나는 "노래를 잘한다"는 소리를 듣곤 했는데, 그것은 나 자신도 미처 몰랐던 재능이라 스스로 놀라기도 하고, 으쓱하는 기분에 젖기도 했습니다. 노래를 부르면 선생님들의 칭찬이 이어지는 것도 신기했고, 재활원에 남시균 이사장님이 찾아오실 때마다 나를 지목해서 노래를 부르게 하는 것도 신기했습니다. 지금은 고인이 되신 남 이사장님은 그 눈빛이나 행동 속에 우리를 향한 깊은 사랑과 관심이 가득 담겨 있는 분이었습니다. 내가 노래를 부르고 나면 너무나 기뻐하시면서 나를 향한 칭찬과 격려를 아낌없이 부어주곤 하셨습니다.

"인홍이는 노래를 정말 잘한다. 너는 진짜 우리의 희망이야."

그런 격려가 시발점이 되어 나는 무대에 서도 떨지 않고 노래를 곧잘 하는 아이가 되어갔습니다. 그러다가 4학년 때는 대전 KBS 어린이날 노래자랑에서 1등을 하기도 했고, 재활원의 합창 단원으로 뽑혀 합창단 활동을 하기도 했습니다.

또한 합창단원 활동이 계기가 되어 일본 오이타 현 벳푸에 있는 장애인 단체인 '태양의 집'의 초청을 받아 합창단원들과 한 달 반 동안 일본에 다녀오는 경험을 하기도 했습니다. 그때 받은 문화적 충격이 얼마나 컸던지 일본에 다녀온 이후, 우리들은 정신을 바짝 차리고 공부에 열중하는 학구파가 되어버렸습니다. 배고픔이 일상이었던 그 시절에 일본으로 한 달 반 동안이나 여행을 다녀왔던 그 일만 돌아봐도 하나님께서 내게 베푸신 은혜가 특별하다고 말할 수 있습니다.

그러나 그것은 시작에 불과했습니다. 날마다 기적처럼 이어졌던 만남의 축복은 나를 고아처럼 내버려두지 않으시고 자식처럼 돌보시는 아버지 하나님의 크신 사랑을 알게 해주는 증거였습니다.

그중 가장 놀라운 증거는 강민자 선생님을 통한 바이올린과의 만남이었습니다. 대전 시골의 재활학교 아이들에게 바이올린을 배울 기회가 주어지다니, 그것은 기적에 가까운 일이었습니다.

어떤 재능이 되었든지 하나님께서는 각 사람에게 인생을 살아갈 수 있는 저마다의 달란트를 주셨는데 내게는 바이올린이 바로 그 달란트였습니다. 하나님께서는 내게 바이올린을 주시기 위해 강민자 선생님의 걸음을 그날 그곳까지 움직이신 게 아닌가 싶습니다.

봄볕이 따스하던 그날, 우리는 여느 때처럼 재활학교 마당에서 목발을 짚거나 땅바닥을 맨몸으로 구르며 천진하게 놀고 있었습니다. 그런데 마침, 서울대학교 출신의 유명한 바이올리니스트인 강민자 선생님이 유성온천에 오셨다가 봄볕이 좋다는 이유로 택시에서 내려 만년교 다리를 혼자 걸으셨습니다. 그 다리를 건너자 둑 옆에 있던 재활학교가 보였고, 그곳에서 놀고 있는 장애아들의 모습도 보게 되셨습니다. 그때 하나님께선 강 선생님에게 어떤 마음을 불어넣어 주셨던 것일까요? 선생님은 갑자기 재활학교 안으로 들어오시더니 이런 제안을 하셨습니다.

"제가 이 아이들에게 바이올린을 가르쳐주고 싶은데요."

그 당시 바이올린을 배운다는 것은 꿈같은 일이었습니다. 더군다나 강민자 선생님 같은 분께 바이올린 레슨을 1주일에 한 번씩 꼬박꼬박 받으려면 돈을 싸들고 가도 어려운 일이었습니다. 그만큼 유명하고 바쁘신 분이 우리에게 아무 대가 없이 바이올린을 가르쳐주신다니, 그것이 얼마나 큰 은혜인지는 내가 훗날 대학 교수가 되어 학생들을 가르치면서 더욱 잘 알게 되었습니다. 바쁜 교수 생활을 하다 보니 나 같아도 선뜻 그렇게 할 수 없다는 걸 실감했기 때문입니다.

나는 지금도 바이올린 수업 첫날, 강 선생님이 들려주셨던 바이올린 소리를 잊을 수가 없습니다.

"이게 바로 바이올린이란 거란다."

우리는 그때까지도 바이올린이라는 악기가 세상에 존재한다는 사실도 몰랐던 아이들이었습니다. 아니, 우리들 대부분은 바이올린뿐 아니라 어떤 음악도 제대로 접해본 적이 없었습니다. 재활원에는 텔레비전도, 라디오도 없었기에 그날 우리는 난생처음으로 음악을, 악기 소리를 들었던 것입니다.

강 선생님은 친구들이 준비해온 초보자용 바이올린 한 대를 들어 동요 한 곡을 들려주셨습니다. 그런데 그 소리를 듣는 순간 나는 심장이 멎는 듯한 충격에 휩싸였습니다. 어떻게 악기 소리가 저토록 아름다울 수 있는지, 어떻게 악기 소리가 내 마음속을 뚫고 들어와 나를 어루만질 수 있는지 그저 놀라울 따름이었습니다. 바이올린에 대한 나의 사랑은 그 순간부터 시작되었습니다.

하지만 처음부터 바이올린을 배울 수 있었던 것은 아니었습니다. 바이올린을 배우려면 당시 약 5,000원 정도 하는 초보자용이라도 바이올린을 준비해와야 했기에 강 선생님이 무료로 가르쳐주는 바이올린 수업도 재활학교 학생 중 가장 형편이 나은 아이들만이 부모님의 허락을 얻어 받을 수 있었던 것입니다.

우리 집에서도 바이올린을 사달라는 내 부탁을 일언지하에 거절했습니다. 그 때문에 수업을 시작한 지 6개월 동안 나는 바이올린 수업에 참여할 수 없었습니다. 그저 애타게 교실 밖을 서성이며 바이올린 소리를 들을 뿐이었습니다. 마치 짝사랑하는 여인을 찾아가지 못해 문 밖을 서성이는 남자처럼, 나는 그렇게 애타는 6개월의 시간을 보내야 했습니다.

그 애타는 마음이 깊어지자 나중엔 분노와 오기가 생겼고 용기를 내어 어머니께 다시 한번 부탁을 드렸습니다. 어느 주말, 집에 다녀온 나는 아예 작정을 하고 어머니 앞에서 바이올린을 사달라고 소동 아닌 소동을 부렸습니다. 집에 들어서면서부터 울고불고 뒹굴며 생떼를 썼던 것입니다.

"바이올린 하게 해줘요. 나 바이올린 안 하면 안 돼요. 바이올린 안 사주면 이젠 절대로 학교도 안 가요. 엄마, 사 줘요. 제발 사주세요."

말수 없고 얌전하기만 하던 아들이 그렇게 떼를 쓰는 게 충격이었던 걸까요? 아니면 두 발을 못 쓰는 막내아들의 우는 모습에 어머니의 마음이 움직였던 것일까요? 촉촉한 눈으로 나를 바라보던 어머니는 내게 바이올린 살 돈 5,000원을 내미셨습니다. 하숙비로 받은 그 돈은 분명 우리 가족들의 생활비로 써야 할 돈일 텐데 어머니는 그 모든 걸 다 포기한 채 내 손에 그 돈을 쥐어

주셨습니다.

　그 돈을 받자 나는 속없는 사람마냥 그저 기쁜 마음만 가득했습니다. 의기양양하게 그 돈을 들고 교무실로 찾아가 선생님께 돈을 내밀며 말했습니다.

　"저도 바이올린부에 끼워주세요."

　그렇게 나는 강 선생님이 재활학교에 찾아오신 지 6개월 만에 바이올린이란 악기를 내 손에 잡아볼 수 있었습니다. 음악도 모르고 악기도 모르며 음악을 할 형편조차 안 되었던 내 손 안에 드디어 바이올린 한 대가 들어온 것입니다.

　나는 '인생이 선물이다'라는 말의 뜻을 조금은 알 것 같습니다. 음악을 모르던 내가 음악을 접하게 된 것도 내 배경이 아니라 강 선생님이 주신 선물이었고, 악기를 살 수 없던 내가 악기를 살 수 있었던 것도 희생을 각오한 어머니가 주신 선물이었으며, 그런 선생님과 어머니를 내 인생에 허락하신 것도 나를 향하신 하나님 사랑의 선물임을 알기 때문입니다. 나는 그 하나님의 사랑 속에서 바이올린이란 악기를 선물로 받고 또 하나의 새로운 길을 향해 나아갈 수 있었습니다.

기다리는 자에게 찾아오는 것

자신에게 충실하는 것이 먼저다

어린 시절, 나는 누군가의 선물로 바이올린을 받았습니다. 그리고 그 악기를 사랑하게 되었습니다. 그 소리를 들을 때 행복했고, 그 소리 속에 있을 때 아름다움을 느꼈으며, 그 소리에 성실하고 싶었습니다.

그래서 나는 1주일에 한 번씩 찾아오는 강민자 선생님을 간절히 기다렸습니다. 선생님이 내주신 바이올린 숙제는 진작 다 해놓고 그다음 진도까지 혼자 연습하는 일이 다반사였지요. 의자나 악보대도 없이 차가운 마룻바닥에 앉아 바이올린을 켜면 두 시간, 세 시간, 네 시간이 흘러가는 줄도 모르게 바이올린에 몰입하곤 했습니다. 그렇게 맹렬하게 연습하다 보면 줄이 끊어지기도 했는데, 교체할 줄이 없을 땐 그 줄을 다시 이어 연습했습니다. 당연히 바이올린 소리가 엉망일 수밖에 없었을 텐데도 나는 왜 그렇게 연습을 멈출 수 없었던 걸까요?

어떤 분들은 그때의 내 이야기를 듣고 "어려서부터 성공에 대한 집념이 남달랐던 게 아니냐?"고 물어오기도 합니다. 하지만 나는 성공이 무엇인지도, 바이올린을 열심히 켜면 성공할 수 있다는 생각조차도 해본 일이 없었습니다. 그저 나도 모르게 바이올린을 켜는 일에 몰입했고, 바이올린 연습 시간이 즐거웠습니다. 이렇게 켜면 이 소리가 나고 저렇게 켜면 저 소리가 나는 것도 신기했습니다. 오래 앉아 있으면 휘어진 허리도 아파오고 자세도 영 불편했지만, 바이올린 연습은 멈추고 싶지 않았습니다.

지금 생각하면 그것은 나에 대한 존중감에서 비롯된 게 아니었나 싶습니다. 내 손에 맞는 악기, 내 마음을 어루만져주는 이 소리를 사랑하고 있는 나 자신에게 충실했던 것입니다.

내가 이 사실을 알게 된 건 그 후로도 한참의 세월이 지난 뒤였습니다. 미국 생활을 하며 여러 분야의 여러 사람들을 만나는 동안 나는 남다른 얼굴을 가진 사람들을 만나게 되었습니다. 구두수선공이든, 환경미화원이든, 혹은 학자나 예술가든 내가 '남다르다'고 느낀 사람들의 얼굴 속에는 평안과 행복, 당당함, 겸손이 깃들어 있었습니다. 어떤 일을 하든지 그들에게선 결코 초라한 표정이 없었다고 해야 할까요?

비단 표정만이 아니었습니다. 그들의 삶 또한 존경받을 만한 모습이었습니다. 그들에게선 자기 분야에서 최선을 다한 값진 열매가 있었고, 그 일을 사랑하는 모습이 있었으며, 만나는 누군가에게 어떤 빛을 전해주는 느낌까지 있었습니다.

그들에게선 왜 이런 빛이 나오는 걸까요? 그들은 어떻게 이런 성공적인 인생을 살 수 있었던 걸까요?

그 답을 나의 얘기에 빗대어 말한다는 게 부끄럽지만, 어린 시절 바이올린 연습에 몰입하던 나 자신을 떠올리다 보니 답을 찾을 수 있는 것 같습니다. 그때의 나도 그들처럼, 자신에게 맞는 악기를 찾았던 것이고, 그 악기를 사랑했으며, 그런 자기 자신을 존중했던 것이었습니다. 그 악기가 구두 솔이 되었든, 목소리가 되었든, 청소 도구가 되었든, 바이올린이 되었든 그들이나 나 자신이 사랑하는 악기를 잘 켜고 싶은 자기 자신의 마음에 충실했다고 해야 할까요? 그 악기에 대해 남들이 어떻게 생각할지, 내가 과연 이 악기를 가지고 먹고살 수 있을지에 대한 계산보다는 내 손에 맞는 악기에 대한 나의 마음과 생각을 먼저 존중했다는 것입니다.

초등학교 5학년 때부터 바이올린을 접하게 된 나에게는 놀랍게도 그와 같은 자존감이 있었습니다. 그 때문에 나는 "다리도 성치 못한 애가 바이올린을 열심히 켜서 뭐할 건데?"라는 부정적인 소리에 휘둘리지 않았습니다. "보란 듯이 성공하기 위해서라도 바이올린을 열심히 연습해야 돼"라는 성공에 대한 강한 집념이 동기가 되어 바이올린 연습에 몰입한 것도 아니었습니다. 나는 바이올린 소리가 좋았고, 그 악기가 내 손에 맞았으며, 그 소리 속에서 행복했습니다. 너무도 내성적이라 자기 의견을 말할 줄도 몰랐고, 말하는 법도 거의 없었던 어린 시절의 나였지만, 하나님께선 내게 자존감을 심어주셔서 내가 좋아하는 길을 묵묵히 가도록 이끌고 계셨습니다.

너는 눈빛이 다른 아이였다

내가 좋아하고 내 손에 맞는 악기를 택하는 것은 여러 모로 중요합니다. 그런 악기를 잡고 있으면 기회가 내게로 찾아올 때 그 기회를 붙잡을 수 있는 이끄는 힘을 발휘하게 만들기 때문입니다.

나는 그것이 하나님께서 우리에게 주신 인생의 원리라고 믿습니다. 피아노를 쳐야 할 사람에게 학자를 꿈꾸게 한다거나, 요리사가 되어야 할 사람에게 의사가 되라고 재촉한다면 그들은 인생의 기회가 찾아왔을 때도 그 기회를 붙잡을 능력을 발휘하지 못합니다. 조금만 거센 바람이 불어와도 포기하거나 주저앉고

맙니다.

재활원에서 바이올린이란 악기를 갖게 된 이후, 나는 강민자 선생님을 참 간절하게 기다렸던 것 같습니다. 나중에 어른이 된 후 강 선생님과 재회했을 때, 선생님은 그때의 나에 대해 이렇게 말씀하셨습니다.

"차 교수는 그때 참 눈빛이 남다른 아이였어. 수업을 하면서 차 교수를 보고 있으면 이런 생각이 들곤 했지. 저 아이는 정말로 나를 기다렸구나."

그 남다른 눈빛 때문이었을까요? 선생님은 나를 참 많이도 사랑해주셨습니다. 그런 선생님에게 "감사합니다"라는 말 한마디도 제대로 못할 만큼 숫기가 없었지만 나를 향한 선생님의 특별한 사랑은 마음으로 충분히 느낄 수 있었습니다. 수업 중에 개인 지도를 해주실 때도 선생님은 좀 더 오랜 시간 나를 지도해주기도 하셨습니다.

"인홍아, 너 이것도 벌써 연습했어?"

선생님이 내주지 않은 다음 진도까지 혼자서 연습해 온 나를 보며 선생님은 종종 감탄하기까지 하셨습니다. 그리고 우리들을 위해 발표회를 열기도 하셨는데, 발표회를 며칠 앞둔 날에는 선생님 집으로 우리를 초대하시어 생전 처음 먹어보는 진수성찬을 우리들에게 대접하기도 하셨습니다.

선생님이 내게 주신 특별한 기회들도 잊을 수 없습니다. 바이올린을 배운 지 1년쯤 지난 후였을까요? 충청남도에서 개최하는 음악콩쿠르 소식을 알리며 선생님은 내게 그 대회 출전을 준비하라 하셨습니다. 바이올린을 배우는 재활원 아이들 중 유독 가난해서 선생님에 대한 배움의 답례로 손수건 한 장 선물해드린 적이 없는데도 말입니다. 그 일로 인해 학부모들의 항의도 있었던 걸로 기억합니다. 왜 그런 대회에 우리 아이를 안 내보내고 인홍이를 내보내느냐는 것이었지요. 그러자 선생님은 한마디로 잘라 말씀하셨습니다. 이 아이만큼 바이올린을 잘하는 아이가 있으면 나와보라고요.

대회에 출전하는 데는 또 다른 어려움도 있었습니다. 음악협회 관계자 중 유력한 한 분이 나의 출전을 거세게 반대하셨던 것입니다. 품격 있는 도 대회에 왜 보기 흉하게 저런 애를 내보내느냐는 얘기였습니다. 카리스마 있는 선생님은 그 문제도 정면으로 돌파하셨습니다.

"음악을 하는 데 다리가 불편한 게 뭐가 문제냐? 실력으로 판단해야지, 왜 겉모습으로 판단하느냐?"

나를 대변해주시고, 나를 도와주시고, 나의 길을 열어주셨던 강 선생님의 그 모습은 정말 성경에서 배운 예수님의 모습 그대로였습니다. 예수님께서 그때 강 선생님의 모습을 하고 내게로 찾아오셨던 것은 아니었을까요?

나는 선생님의 그 후원과 믿음을 입고 무대에 섰습니다. 아니,

철제 의자에 앉아 비발디 협주곡을 켜기 시작했습니다. 그때 어떻게 연주했는지, 어느 정도의 수준으로 연주했는지 지금은 기억나지 않지만 모두가 숨죽인 채 그 소리를 들었다는 생각이 듭니다.

결과는 영예의 1등. 결코 '동정심'이 개입되어 시상할 수 있는 분위기가 아니었기에 나는 그 1등이 참 기뻤습니다. 나의 출전을 탐탁지 않게 여기던 분들이 매긴 심사 결과가 1등이었다는 데에서 나의 주눅 들었던 어깨도 당당하게 펴졌습니다. 내 모습을 언짢게 바라보는 시선들 때문에 무대에 서기 불편했던 내 마음에게 나는 그 1등의 트로피를 보여줄 수 있어 기뻤습니다.

그후 나는 강민자 선생님 문하생들의 발표회에도 참석하는 특권을 누렸습니다. 당시 수십 명에 달했던 선생님의 문하생들은 대부분 대전 지역의 부잣집 아들딸들이었는데, 발표회를 할 때마다 선생님의 서울대 출신 후배들까지 와서 오케스트라 협연을 했던 까닭에 그 발표회는 음악을 한다는 대전 지역 사람들에게 많은 관심을 받았습니다.

그런데 그런 발표회에 선생님은 나를 참여시키셨습니다. 만약 수십 명의 문하생 중 이번엔 여덟 명을 선발해서 발표회를 한다고 하면, 나를 그 여덟 명 중의 한 명으로 참여시켰던 것입니다. 그 화려한 발표회 비용을 나를 제외한 다른 참여 학생들 학부모들이 감당했던 점이나, 나 한 사람을 참여시키기 위해 대전 유지의 자녀들 중 다른 한 명을 빼야 한다는 부담감을 생각하면 선생님의 그런 결정은 특별한 것이었습니다. 더군다나 선생님은 아무것도 준비되지 않은 나를 위해 연주회에 참여하지 못하는 다른 부잣집 아이들의 악기와 연주복을 며칠 전부터 빌려오는 수고까지 감당하셨습니다. 장애인에 대한 편견이 심했던 당시의 분위기 속에서, 누군가에게 안겨 무대에 올라가 연주회를 시작해야 하는 점도 선생님은 기꺼이 껴안으셨습니다.

바이올린을 배운 지 1년. 그때부터 나는 특별한 무대에 종종 서게 되었습니다. 지금 돌아보면, 그때도 재활원에서의 배고픔과 추위가 나를 계속 따라다니고 있었지만, 내게는 그렇게 특별한 기회들이 이어지고 있었음을 알게 됩니다. 왜 그때 강민자 선생님은 내게 그런 기회를 주고 싶어 하셨을까요? 선생님은 훗날 내가 던진 그 질문에 대해서도 이렇게 대답하셨습니다.

"너를 보면 알 수 있었단다. 네가 나를 참 많이 기다리고 있었다는 걸."

내가 여호와를 기다리고 또 기다렸습니다.
주님께서 나를 돌아보시고 나의 부르짖음을 들으셨습니다.
시편 40편 1절

내게 음악성이 있다면

바이올린은 나를 새로운 길로 들어서게 했습니다. 그리고 로 버트 프로스트Robert Lee Frost의 시처럼, 그때 들어섰던 그 첫 길로 인해 내 인생은 전혀 다르게 펼쳐졌습니다. 마치 도미노가 연결 되듯이 혹은 퍼즐의 그림이 이어지듯이 내 인생은 어떤 한 방향 을 향해 줄기차게 흘러가고 있었습니다.

미국의 평화봉사단 자격으로 성세재활원에 와서 영어를 가르 쳐주었던 젠 영Jan Young과의 만남을 돌이켜봐도 이 사실을 알게 됩니다. 당시 우리들은 가끔씩 미군부대에서 빌려온 버스를 타 고 미군부대 내 극장에서 영화를 보곤 했습니다. 그때 미군부대 까지 데려가주고, 우리들에게 영어를 가르쳐주던 젠 영을 참 많 이 좋아했습니다. 우리의 운신의 폭을 넓혀줬던 분, 새로운 세계 를 보고 경험하게 해주었던 파란 눈의 천사였으니까요.

하지만 내가 이분을 더욱 잊을 수 없는 이유는 따로 있습니다. 재활원에서의 임기를 마치고 미국으로 돌아갔던 젠 영은 몇 개 월이 지난 어느 날, 낡은 옷가방 하나를 달랑 들고 우리 앞에 다 시 나타났습니다. 헤어짐이 못내 아쉬워서 눈물, 콧물 흘리며 엉 엉 울던 우리들을 잊을 수 없었다는 것이 그녀가 돌아온 이유였 습니다.

나를 포함한 친구들은 그분의 재등장에 하나같이 기뻐했습니다. 젠 영은 우리들에게 선물과 같은 일상을 너무나 많이 안겨주신 분이었으니까요.

그런데 이때도 우리 모두는 젠 영으로부터 생각지 못한 선물을 받았습니다. 그분이 휴대용 야외 전축 하나와 클래식 음악 LP판 몇 장을 가져다준 것입니다. 바이올린을 배우던 우리에게 음악적 감성을 채워주고 싶었던 걸까요? 당시로선 초호화 음향기기인 이 전축을 보자 나는 눈이 휘둥그레졌습니다. 특히나 LP판을 통해 흘러나오는 모차르트의 음악은 나를 신세계로 인도했습니다.

'어떻게 이런 소리가 다 나지?'

마음의 갈피를 잡지 못해 내심 방황하던 사춘기의 내 마음을 모차르트가 어루만져주는 듯했습니다. 어쩌면 나는 〈모차르트 Mozart Violin Concerto No. 3 in G Major, K. 216〉를 듣는 동안 잔잔한 들판에도 갔다가, 금빛 노을이 지는 찬란한 바닷가에도 갔다가를 반복했는지도 모릅니다. 가고 싶지만 갈 수 없었던 곳, 보고 싶지만 볼 수 없었던 세계로 모차르트의 음악이 나를 이끌어주는 듯했습니다.

사실 그때는, 중학교에도 입학하지 못한 채 재활원에 남아 무작정 시간을 보내던 시절이었습니다. 당시 특수학교로 인가가 나 있던 성세재활학교는 초등학교 과정의 졸업장만을 문교부로부터 허락받았던 터라 나를 포함한 6학년 졸업생들은 재활원을 떠나 일반 중학교에 진학해야만 했습니다. 하지만 나도 그렇고, 몇몇 친구들은 중학교에 입학할 수 없는 형편이었습니다. 재활원에선 그런 우리들을 그대로 머물게 했고, 몇몇 뜻 있는 선생님들은 우리를 모아 자체적으로 중학 과정의 공부를 가르쳐주기도 하셨습니다.

그때 내가 받은 선물이 모차르트의 바이올린 협주곡이었습니다. 중학 과정의 공부를 끝낸 오후 1시. 목발도 집어던진 채 친구들과 흙바닥에서 뒹굴며 공놀이를 하는 게 전부였던 그 시절, 나는 언젠가부터 슬그머니 교실로 들어가 턴테이블 위로 모차르트의 바이올린 협주곡 3번이나 5번을 올려놓곤 했습니다. 얼마나 모차르트를 많이 들었던지 아마도 수백 번은 들었을 것입니다. 나중엔 전곡을 다 외울 정도였으니까요.

그 때문이었을까요? 세월이 흘러, 하나님의 은혜로 미국 신시내티 대학에서 유학 생활을 할 때에도 나는 이 모차르트의 덕을(?) 본 일이 있습니다.

음대 담당 교수셨던 옌스 엘러만Jens Ellermann 교수님과 관련된 일입니다. 이분은 내가 예기치 못했던 수업방식으로 수업을 하는 바람에 적잖이 나를 긴장시키던 분이었습니다. 그중 하나가 한 곡을 소화하기 전까지 계속해서 그 곡으로 연습 레슨을 받는 한국의 수업방식과 달리, 교수님은 아직 내가 그 곡을 채 소화하지 못한 상태인데도 "그다음 곡을 해 봐"라는 식으로 수업을 하시는 것이었습니다. 미국에 간 지 얼마 안 되었을 때라 나는 너무나 당황해서 온몸을 부르르 떨며 서툰 연주를 했습니다. 그래서 당연히 다음 주에도 그 곡으로 수업을 받을 거라 생각하고 열심히 그 곡을 연습해갔습니다. 그러나 교수님은 역시나 나의 예상을 빗겨 가시며 "오늘은 세 번째 곡을 해봐"라는 주문을 하셨습니다.

그렇게 낯선 수업법에 적응하기까지도 마음고생이 심했는데, 유학 초창기엔 언어가 통하지 않는 것도 매우 힘들었습니다. 교수님이 가르쳐주시는 말씀을 못 알아들어 쩔쩔 매고 있으면, 옆에서 피아노를 치는 분에게 "내가 하는 말을 메모해서 좀 써줘!"라고 직설적으로 지시하기도 하셨으니까요.

그러기를 6개월. 교수님은 갑자기 이런 질문을 던지셨습니다.

"좋은 악기는 살 수 없느냐?"

당시 내가 갖고 갔던 바이올린은 유학을 떠나오기 전, 우리 집의 쌈짓돈을 모아 어렵게 장만한 악기였습니다. 그러나 음대생이 쓰기엔 악기 자체의 소리가 많이 떨어지는 하급의 바이올린에 속했습니다. 교수님의 물음에 솔직하게 답할 수밖에 없었습니다.

"돈이 없습니다."

그러자 그렇게 무뚝뚝하던 교수님이 나를 미국에 초청해준 '라살 4중주단La Salle Quartet' 멤버인 교수님께 전화를 걸어 무슨 얘긴가를 나눴습니다. 독일어로 대화했던 터라 자세한 내용은 알 수 없었지만 '나의 악기'와 관련된 내용임은 짐작할 수 있었습니다.

그러고 나서 몇 주 후, 교수님은 바이올린을 한 대 가져 오셔서 내게 쓰라고 하셨습니다. 살펴보니 교수님 자신의 악기였습니다. 얼마 남지 않은 연주회 때문에 교수님의 악기를 빌려주신다고 생각하니 어안이 벙벙했습니다. 음악인들에게 있어 본인의 악기를 빌려준다는 게 어떤 의미인지를 알았기에 너무나 감사한 나머지 제대로 인사조차 못 드렸습니다. 그 뒤부터는 조심스럽게 그 악기를 다루며 연주회를 준비했습니다.

그리고 연주회가 끝난 뒤에야 교수님을 돕고 있는 피아니스트에게 이런 말을 남겼습니다.

"교수님께서 이 악기를 빌려주셔서 얼마나 감사한지 모른다. 내 악기는 참 안 좋았는데, 이 악기는 정말 너무나 좋다."

섬세하고 고운 바이올린 소리가 만족스러워 그런 말을 건네자 피아니스트는 깜짝 놀라며 되물었습니다.

"그건 빌려준 게 아니라 네게 준 거다. 그걸 몰랐냐?"

너무도 뜻밖의 말이었습니다. 그 말을 믿지 못하고 있는 나에게 그 피아니스트는 교수님 앞에서 이 사실을 확인시켜주었습니다. "정말 준 게 맞냐?"는 피아니스트의 물음에 교수님은 명쾌하게 답하셨습니다.

"그 악기는 네가 영원히 써라."

냉정하고 차갑게만 느껴졌던 교수님이 왜 내게 수만 달러에 달했던 그 귀한 악기를 건네셨는지 모를 일이었습니다. 나는 교수님의 제자들 중 수제자도 아니고 그렇다고 해서 특별한 재능이 있는 사람도 아니었는데 말입니다.

그러고 보니 엘러만 교수님은 내게 특별한 사랑을 주고 계셨습니다. 미국은 1주일에 한 번씩 정해진 날에 레슨을 하면 더이상 학생들에게 따로 관심을 주는 법이 거의 없는 나라였습니다. 냉정하게 말하면 수업료만큼만 가르쳐주는 나라가 미국이라 할 수 있습니다. 그래서 주말이면 학교 안이 참 조용합니다. 하지만 교수님께서는 주말에도 나를 부르셨고 나는 교회에서 예배를 마치고 학교에 가서 교수님의 특별수업을 받았던 것입니다.

이보다 더 특별했던 일도 있었습니다. 신시내티 음악대학 내에서 콩쿠르를 열 때의 일입니다. 보통 이런 대회가 열리면 음악과 교수님들은 자신의 스튜디오에 모인 학생들 중 수제자 한 명씩을 내보내어 무언의 경쟁을 하곤 합니다. 그런데 대회가 열리던 그 해, 엘러만 교수님이 나를 지목하며 대회에 나가라 하시는 것이었습니다.

깜짝 놀랐습니다. 객관적으로 봐도 교수님의 클래스에 모인 학생들 중 절반 이상이 나보다 연주 실력이 좋았는데, 왜 유독 내게 그 대회에 나가라 하시는지 알 수 없었습니다. 내가 교수님 제자들을 대표해서 콩쿠르에 나가게 되면 자칫 교수님의 이름에 부끄러움을 남길 수도 있는데 말입니다.

좋으면서도 엄청나게 떨렸던 그 대회에서 나는 모차르트의 〈바이올린 협주곡 3번Mozart, Violin Concerto No.3 in G major, k216〉을 연주했습니다. 열심히 연주하긴 했지만 전체 음대생들 중 한 명을 수상자로 뽑는 그 대회에서 당연히 나는 수상하지 못했습니다. 스스로도 '별로 잘하지 못했다'고 생각하며 무대를 내려왔습니다.

그런데 단 한 번도 내게 칭찬해준 적이 없던 옌스 엘러만 교수님이 내게 다가와 밝은 얼굴로 이렇게 말씀하시는 것이었습니다.

"너는 모차르트를 참 아름답게 연주한다."

아! 교수님은 내게 진심 어린 얼굴로 모차르트를 아름답게 한다는 칭찬을 하고 계셨습니다. 그렇게 직설적이고 무뚝뚝한 엘러만 선생님이 음악적 테크닉이 한참 부족한 내게 모차르트를 언급하고 계셨던 것입니다.

모차르트. 그의 음악은 듣기엔 탁월하게 아름답지만, 바이올린 협주곡의 경우엔 특히나 단순 명쾌한 구조로 되어 있어 수려하고 섬세한 선율을 표현하기가 대단히 어려운 음악으로 정평이 나 있습니다. 너무나 쉬운 곡인데 연주하기 무척 어려운 음악. 그래서 현란한 솜씨를 뽐내는 연주자들이 가장 피하는 음악이 바로 모차르트였습니다. 그 곡을 소화할 수 있는 음악적 기술을 열 배 이상 갖고 있어도 그 음악의 깊이와 아름다움을 도저히 표현해내기 어렵다고 해야 할까요?

그래서 나는 교수님의 칭찬이 선뜻 믿기지 않았습니다. 어려서부터 음악적 기초를 차곡차곡 쌓아온 게 아닌 터라 기술적으로 뒤질 수밖에 없었던 내게 "모차르트를 아름답게 한다"는 칭찬이 주어지다니요.

실제로 교수님은 그 전에 내게 "너는 좋은 뮤지션이지만 좋은 바이올리니스트는 아니다"는 말씀을 하신 적이 있었습니다. 음악성은 좋지만 음악적 테크닉이 부족하다는 말씀이셨지요. 그랬던 내게 모차르트를 아름답게 하는 학생이라고 칭찬하시다니, 나는 내가 들었던 그 어떤 격려보다 그 말에 힘을 얻었습니다. 그 이후에도 나는 줄리어드라는 교수님으로부터 똑같은 칭찬을 들었습니다.

"자네는 모차르트를 참 잘하는 학생이네."

줄리어드 교수님으로부터 그 말씀을 들었을 때도 그저 신기하고 놀라웠습니다. 어떻게 나처럼 기초도 부족한 사람에게 그런 말씀을 하실까 싶었으니까요.

그런데 책 출판을 위해 나의 성장기를 돌아보면서, 나는 유학 시절 내가 받았던 격려가 청소년기에 수백 번 들었던 모차르트 연주와 무관하지 않다는 걸 깨닫게 되었습니다. 음질도 썩 좋지 않아 때론 지직거리는 잡음 속에 흘러나오던 모차르트의 바이올린 협주곡 3번과 5번. 어쩌면 그 음악이 내 영혼 깊이 들어와 내 마음의 음악으로 흐르고 있었는지도 모르겠습니다. 내게 정말 음악성이 있다면, 혹 내게 모차르트를 조금이라도 잘 표현할 수 있는 감성이 있다면, 그것은 열네 살 청소년기에 젠 영에게 선물 받은 그 LP판 때문이었음을 이제 와서야 나는 알 것 같습니다.

때론 에돌아가는 듯해도

바이올린을 그만두고 일본으로

초등학교 졸업 후 3년 동안의 재활학교 생활을 돌아보면 여전히 배고픔과 추위와 단체생활의 엄격함이 내 기억 속에 남아 있습니다. 그러나 그 속에서도 중학 과정의 공부를 가르쳐주었던 선생님들의 열정과 젠 영을 통해 만나게 된 모차르트의 바이올린 협주곡, 그리고 강민자 선생님의 바이올린 지도는 팍팍했던 청소년기의 내 목마름을 채워주는 샘물과 같은 선물이었습니다.

그렇게 중학교 3년 과정을 다 마칠 즈음, 새로운 소식이 들려왔습니다. 우리가 초등학교 때 한 달 반 동안 다녀왔던 일본 '태양의 집'으로부터 또 다시 초청장이 날아왔던 것입니다.

귀가 번쩍 뜨였습니다. 일본에서 최초로 장애인들에게 기술을 가르쳐서 물건을 생산하는 대단위 공장들이 있는 '태양의 집'은 장애인에 대한 일본의 앞선 인식과 복지를 보여주는 곳이라 가끔씩 그곳이 떠오르곤 했었습니다. 그런데 이번에는 다섯 명의 학생들을 초청하여 1년 간 연수의 기회를 제공한다니, 꼭 가보고 싶은 생각이 들었습니다.

재활원에서는 지원자 중 '일본어 실력'을 기준으로 다섯 명을 선발하여 일본에 보내준다는 조건을 걸어왔습니다. 나를 비롯해 일본에 가고 싶어 하는 몇몇 아이들은 일본어를 잘하는 재활학교 선생님께 일본어를 배우기 시작했습니다. 앞날에 대해 조금씩 고민을 기울이는 나이였기에, 일본에 가서 기술을 연마해서 기술자라도 되면 앞길을 여는 데 조금은 도움이 되리라 생각하며 누구보다 열심히 일본어를 배웠습니다.

어쩌면 그렇게라도 해서 열악한 환경의 재활원을 벗어나고 싶었는지도 모르겠습니다. 일본에 가게 되면 바이올린을 더 이상 배울 수도 없고, 음악에 대한 꿈도 접어야만 했지만, 어차피 나는 음악가로서의 꿈을 꿀 수 없는 사람이라 생각했습니다. 그래서인지 나는 일본 기술연수생 다섯 명에 포함되어 벳푸 시의 '태양의 집'에 가게 될 때에도, 뒤늦게 음악 공부를 시작한 사람에게 1년 동안의 음악적 공백이 어떤 의미인지를 깊이 생각해보지 않았습니다.

하지만 나의 삶을 인도하고 계신 하나님께서는 그 공백의 의미를 다 알고도 남으셨을 것입니다. 중요한 시기에 악기에서 완전히 손을 뗀다는 것이 음악적으로 볼 때 얼마나 큰 손실인지도 그분은 다 아셨을 것입니다.

그럼에도 불구하고 그분은 나를 일본으로 이끌고 계셨습니다. 내게 음악의 길을 열어주셨던 그분이 이번에는 왜 나를 거기까지 인도하셨던 것일까요? 나는 알 수 없는 그분의 인도하심 속에서 일본으로 갔습니다. 항상 내 손에 들려 있던 바이올린 대신 이번에는 그저 목발을 의지한 채 일본 '태양의 집'으로 향하고 있었습니다.

그늘에서 나와 양지로

1974년 12월 5일. 제법 추운 날이었지만 일본에 도착한 우리 일행은 추위를 느낄 새도 없이 선진화된 일본의 모습에 넋을 잃고 말았습니다. 그전까지 듣도 보도 못했던 것들이 어린 우리를 압도해왔던 것입니다. 특히나 자동으로 고층 건물을 오르내리는 엘리베이터를 보고는 우리의 눈이 휘둥그레졌습니다. 숙소에 도착하던 날부터 제공되던 먹을거리들도 우리를 얼마나 놀라게 했던지, 흰 쌀밥에 따뜻한 고깃국이며, 처음 먹어본 귤과 바나나……. 모든 것이 신기하고 낯설었습니다. 그런 곳에서 1년을 살아간다는 것이 믿기지 않을 정도였지요.

그러면서 한편으론, '내가 이곳에서 잘 적응할 수 있을까?' 걱정도 되었습니다. 그 걱정대로 그곳 일본인들은 신사적이고 친절하게 대해주면서도 때로는 일본어를 잘 못한다는 이유로 홀로 기숙사 청소를 시키기도 했습니다. 그럴 때마다 나는 고향 생각에 눈물이 나서 잠 못 이루는 밤을 보내기도 했습니다.

하지만 아홉 살 때부터 재활원 흙바닥에서 뒹굴며 살아왔던 나였습니다. 새로운 생활에 적응하지 못할 이유가 없었지요. 아침 8시부터 저녁 5시까지 여느 직장인처럼 목공소에서 6개월, 인쇄소에서 6개월 동안 일을 했습니다. 그리고 그 일의 대가로 월급을 받으면 거기에서 기숙사비도 내고 나머지로 여가생활도 즐기는 경제적 자립을 경험해갔습니다.

그간 용돈 한 번 받으며 생활해본 적 없던 내가 일을 해서 월급을 받고, 그 월급으로 한 달을 살며, 세탁에서 여가활용에 이르기까지 모든 걸 자립한 생활인으로 살아간다는 건 굉장한 경험이었습니다. 중학교 3학년 내지는 고등학교 1학년 정도의 나이에 낯선 타지에 적응하여 독립된 한 사람의 경제인으로 살아갈 수 있다는 사실 자체가 내게 벅찬 성취감과 자신감을 안겨주었습니다. 비록 내가 배운 기술이 단순기술이긴 했어도 그 기술로 자립된 생활을 한다는 사실이 나를 고무시켰던 것입니다. 이제 나는 아무것도 못하는 무력한 사람이 아니라 많은 것을 할 수 있는 가능성을 가진 사람이었습니다.

실제로 그곳에서 본 일본 장애인들의 생활은 내게 역동적인 감동과 교훈을 안겨주었습니다. 기숙사에 기거하는 500여 명의 일본 장애인들 중에는 손발을 전혀 쓸 수 없는 이도 있었는데, 그는 매일 입으로 호스를 불어가며 단순 기계 작동 훈련을 받곤 했습니다. 보통 사람의 몇 배가 되는 땀을 흘려야 하는 그런 훈련을 포기하지 않고 감당하는 그 사람도 존경스러웠고, 그런 훈련의 기회를 사회적으로 제공해주는 일본도 대단하다 싶었습니다.

또한 각 분야의 성공한 사람들 중에서도 갑자기 사고로 장애인이 된 이들이 있었는데 이들도 그곳에 와서 적극적으로 훈련을 받아 단순기술자로 일하며 행복하게 살아가는 것을 목격했습니다. 비록 장애가 불편함과 고통을 안겨주는 것이라 할지라도, 그 장애 속에 갇혀버리거나 일상의 축복을 놓아버릴 하등의 이유가 없다는 사실을 그들은 온몸으로 보여주고 있었던 것입니다.

그런 모습을 보며 나는 날마다 감탄하곤 했습니다. 자신에게 주어진 일할 수 있는 권리, 누군가를 만나 사랑할 수 있는 권리를 당당하게 찾아가는 그들의 모습은 그전의 내가 갖고 있지 못했던 모습이었으니까요. 장애인들이 운전한다는 걸 상상도 못했던 나에 비해 그들은 벌써 운전을 하고 있었고, 노래방에 가서 마음껏 노래하기도 했으며, 서로 모여 축제를 벌이며 살았습니다. 예쁜 아가씨들과 멋진 데이트도 즐기고, 휠체어를 탄 채 운동도 마음껏 하고 있었습니다.

내가 더욱 놀랐던 점은 장애인에 대한 벳푸 시 전체의 편견 없는 태도와 배려였습니다. 벳푸 시의 도로 구조뿐 아니라 모든 공공건물에는 장애인용 화장실이 따로 있고, 장애인을 위한 시설들이 갖춰져 있었습니다. 택시를 타도 기사들의 서비스 정신이 너무나 돋보였습니다. 그것은 아무리 손을 들어 택시를 세워도 귀찮다는 이유로 장애인을 태워주지 않는 당시의 우리나라 택시 문화와 매우 대조적인 모습이었습니다.

누구든 장애인이 될 수 있기에 장애인을 위한 투자와 배려를 당연하게 여기는 도시, 몸의 일부분이 불편한 사람들일 뿐, 장애인들 역시 보통 사람들과 똑같은 권리, 똑같은 축복을 누리며 살아가야 할 보통사람들로 바라보는 도시가 참으로 건강해 보였습니다. 장애인은 동정이나 무시의 대상이 아니라 사랑과 배려의 대상이요 함께 가는 친구라는 걸 도시 전체가 알려주고 있었던 것입니다.

그 속에서 1년 동안 살아서였을까요? 나는 성격마저 조금씩 달라지고 있었던 듯합니다. 외부의 시선 때문이든 스스로 만든 굴레 때문이든 자꾸만 움츠러들었던 내가 어느덧 도전하고 성취하려는 태도도 갖게 되었습니다. 사람들과 만나 어울리고 교제

할 뿐 아니라 새로운 일에 뛰어드는 것을 두려워하지 않게 되었습니다.

지금 돌아보면 아마도 그것이 일본에서의 생활을 통해 내게 주시려 했던 하나님의 첫 번째 선물이 아니었을까 싶습니다. 일본에서 생활하는 동안 하나님께서는 끊임없이 내게 음지의 그늘에서 나와 양지의 운동장을 뛰어다닐 수 있는 마음을 열어주고 계셨습니다.

휠체어, 날개가 되다

실제로 나는 일본에서 양지의 운동장을 뛰어다녔습니다. 어떻게 그럴 수 있었냐고요? 그것은 내게 새로운 날개가 생겼기 때문이었습니다.

태양의 집 사람들은 양다리 모두 힘이 없는 내가 목발을 짚고 다니는 걸 보고는 곧바로 휠체어 한 대를 내어주었습니다. 본래 재활학교에서도 휠체어가 없었던 건 아니지만, 단 몇 대밖에 없었던 그 휠체어들은 나보다 훨씬 심각한 장애를 가진 친구들에게 돌아갔습니다. 가끔씩 그 휠체어를 빌려 타보기도 하고 빙그르르 돌려보기도 했지만, 내 몫으로 휠체어가 돌아오리라고는 생각지도 못했습니다. 그런데 일본에 가자마자 내게 휠체어가

무상으로 주어졌으니 생각지 못한 선물을 받은 기분이었습니다.

휠체어에 앉아 움직여보니 휠체어가 내게 또 다른 발이 되어 준다는 걸 확실히 느낄 수 있었습니다. 아니, 때로는 내게 날개가 새로 생긴 듯한 느낌마저 받았습니다. 어딘가로 이동할 때마다 한 발 한 발 조심스럽게 움직이던 그전과는 달리, 원거리 이동도 순식간에 가능해졌으니 말입니다.

그때부터 나는 평소 좋아하던 '운동'을 마음껏 즐기기 시작했습니다. 목발을 짚은 채 재활원 친구들과 축구 경기를 하다가 나중엔 모두가 목발을 내던지고 땅바닥을 뒹굴며 손으로 축구를 할 만큼 운동을 좋아했던 우리들이었습니다. 때로는 재활원 쓰레기통을 한쪽에다 놓고 서로 패스하다 쓰레기통에 슛을 하는 이상한 농구 경기도 얼마나 즐겁게 했는지 모릅니다.

그런데 휠체어가 주어지고 정식 농구 코트에, 야간에도 밤새도록 조명을 환하게 켜놓는 운동장까지 주어졌으니 내 세상이 따로 없는 것 같았습니다. 아침 일찍 일어나 출근을 하고, 열심히 일하다가 퇴근을 한 후 식사를 마치면, 그때부터는 무조건 체육관에 가서 밤 11시까지 땀을 흘리며 운동을 했습니다. 농구, 탁구, 양궁에 이르기까지 휠체어를 타고 할 수 있는 운동이란 운동은 다 섭렵했습니다.

"운동을 참 잘하시네요."

땀 흘리며 운동하는 내게 사람들은 종종 그런 말을 던졌습니다. 타고난 운동신경이 있는 것 같다고, 이제 막 휠체어를 탄 사람 같지 않게 휠체어와 한 몸을 이루어 운동하는 모습이 매우 노련하다는 얘기도 들려왔습니다.

나 역시 운동이 체질이란 생각이 들 만큼 운동이 좋았습니다. 휠체어를 밀며 드리블을 하고 정확한 타이밍에 슛을 날리는 그 순간이면 나는 마치 날개를 펴서 하늘을 나는 듯했습니다. 운동이 주는 짜릿한 박진감과 긴장감도 좋고, 땀 흘리는 가운데 서로의 호흡을 완벽하게 맞추어 점수를 내는 그 과정도 하나의 예술작품을 만들어가는 것 같았습니다.

더구나 휠체어를 탄 사람들에게 있어 운동이란 몸과 마음을 건강하게 단련해주는 것이면서 동시에 자유로움까지 안겨주는 것이었습니다. 내가 시간 가는 줄도 모른 채 매일 밤마다 운동에 몰두했던 이유도 어쩌면 운동할 때 찾아오는 그 짜릿한 자유를 더 맘껏 누리고 싶었기 때문이었을 것입니다. 이 자유를 찾아 때론 팀을 이뤄서, 때로는 혼자서 운동을 하다 보면 어느덧 밤 11시. 생각 같아선 밤새도록 운동하고 싶었지만 다음 날의 출근을 위해서는 컨디션을 조절해야 했습니다. 아쉽게 운동을 접고 방으로 돌아가는 내 온몸은 땀으로 흠뻑 젖어 있곤 했습니다.

얼마나 운동이 좋았는지 모두가 외출을 나가는 휴일에도 나 홀로 체육관에 들어가 하루 종일 농구를 할 정도였습니다. 그렇게 운동을 하다 보니 나도 몰랐던 내 안의 운동신경들이 점점 살아났던 것 같습니다. 처음엔 주변 분들이 내게 칭찬을 해주시더니 나중엔 스포츠 전문가들까지 관심을 갖기 시작했습니다. 그리고 이런 제안도 해왔습니다.

"이제 곧 인근 도시에서 아시아 – 태평양지역 장애인 경기대회가 열리는데 한국 대표로 나가보지 않겠습니까?"

당시만 해도 한국엔 장애인스포츠협회가 없었기에 한국 장애인들은 공식적으로 체육대회에 나가는 이가 없었습니다. 그런데 일본 스포츠 전문가들이 나를 찾아와서는 모든 절차를 자신들이 밟아줄 테니 한국 대표로 나가보라는 것이었습니다. 마다할 이유가 없었습니다.

그때부터 그들은 한국 대사관에 연락해서 한국 정부의 승인을 받아줬습니다. 대회에 나가기 위한 운동화며 체육복 구입을 위해서도 한국 거류민단에 연락해서 협조를 구해줬지요. 뿐만 아니라 3개월 동안 훈련에 매진하라는 의미로 나의 근무 시간을 오전 시간으로만 제한해줬습니다. 월급은 똑같이 받게 하면서 오후 시간엔 훈련을 하도록 배려해줬을 뿐 아니라, 스포츠 전문가들의 도움까지 받도록 도움을 줬습니다.

그러고 보니 일본에서도 한국에서와 비슷한 일들이 일어나고 있었습니다. 휠체어를 선물받은 일이며, 그때부터 내가 열심히 운동에 집중했던 일, 그러자 누군가 기다렸다는 듯이 나타나 내 기량을 세상에 나가 펼칠 수 있도록 모든 환경을 만들어줬던 일

등은 결코 우연이라 할 수 없었습니다.

누군가 나를 돌보고 계심이 틀림없었습니다. 그때도 하나님께서 나를 도와주고 계셨으며 나를 인도하고 계셨다고 밖에는 설명할 길이 없습니다. 그분은 그렇게 우리를 돕는 분이셨고, 우리를 사랑하는 분이셨습니다.

주께서 천사들을 시켜 여러분을 지키게 하실 것입니다.
여러분이 어디로 가든지 저들이 여러분을 보호해 줄 것입니다.

시편 91편 11절

훈련 3개월 만에 이룬 쾌거!

대회에 나가보라는 권유를 받은 뒤 나는 트레이너가 시키는 대로 열심히 훈련에 임했습니다. 타이어를 휠체어 뒤에 매달아 달리기도 했고, 휠체어 위에 앉은 채 던지기 연습을 하기도 했습니다.

그러던 어느 날, 트레이너 두 분이 나를 어떤 건물로 데리고 가서 훈련을 받게 했습니다. 그날의 훈련은 1층에서부터 6층을 지나 7층 옥상에까지 경사로로 되어 있는 비상계단을 쉬지 않고 달리는 훈련이었습니다. 코치 두 분 중 한 분이 1층에서 나를 올려

보내면, 또 한 분은 7층 옥상에서 내려다보다가 내가 올라가는 속도를 초시계로 체크를 하는 방식으로 훈련이 이어졌습니다. 나는 신호가 떨어짐과 동시에 있는 힘껏 휠체어를 밀며 옥상으로 올라갔습니다. 그러고는 곧바로 엘리베이터를 통해 다시 1층으로 내려온 후 또 다시 1층에서부터 7층 옥상까지 휠체어를 밀고 달려갔습니다.

그런데 이 두 번의 기록을 잰 후 코치 두 명이 서로 놀란 표정을 짓더니 무슨 말인가를 주고받으며 상의하는 모습이 보였습니다. 며칠 후, 그들이 내게 어디를 좀 다녀오자고 했습니다. 영문도 모른 채 따라갔던 곳은 각종 체력 검사 컴퓨터 시스템이 갖춰진 스포츠센터. 그곳에서 사람들은 내게 여러 가지 검사를 받아보자고 했습니다. 그러고는 자기들끼리 몇 마디 나누더니 다음과 같은 두 가지 내용을 얘기해줬습니다.

"당신은 운동신경이 매우 뛰어나다. 그리고 폐활량이 굉장히 높다."

그들은 나의 폐활량을 측정하기 위해 그곳에 나를 데리고 갔었나 봅니다. 폐활량이 얼마나 되는지에 대해서는 구체적으로 알려주지 않았지만, 그들의 표정만으로도 내 폐활량이라는 게 매우 높게 나왔음을 짐작할 수 있었습니다.

그들은 내게 그 얘기를 하면서 그동안 자신들이 기라성 같은 스포츠 선수들을 많이 배출시켜봤지만, 지금껏 한 번도 7층 건

물에 처음 오를 때와 두 번째 오를 때 똑같은 기록을 낸 사람이 없었다는 말을 덧붙였습니다. 한 번 오르는 것도 지치고 힘든 일인데, 연속해서 두 번째 오를 때 똑같은 기록을 낼 수 있다는 건 보통의 힘으로는 불가능하다는 얘기였습니다. 폐활량 검사 후 그들은 내게 이 사실을 알려주며 기뻐했습니다. 내게는 누구도 따라잡지 못할 놀라운 폐활량이 있다는 것이었습니다.

그 말을 듣자 나도 깜짝 놀랐습니다. 겉으로 유약해 보이는 내게 하나님께서 얼마나 좋은 선물을 남기셨는지 알게 된 순간이었으니까요. 비록 겉으로 보기엔 두 다리를 못 쓰고 척추도 휘어져 있어 약해 보였지만, 그 안을 들여다보면 나는 너무나 받은 게 많은 사람이었습니다. 아니, 그것은 비단 나만의 이야기가 아닐 것입니다. 누구에게든 하나님께서는 하나의 약함을 주실 때 또 하나의 강함을 남겨 놓으시는 분임을 나는 그 후 여러 사람들을 만나며 확인할 수 있었습니다.

이 글을 읽는 당신에게도 이 사실을 발견하는 축복이 있기를 바랍니다. 내게 한 가지 약함이 있다면 또한 내게 남다른 강함이 있다는 그 사실을……

하나님께선 이 강함으로 우리의 약함을 돕게 하는 분이셨습니다. 그래서 나는 두 다리를 쓰지 못하지만 드넓은 운동장을 마음껏 달릴 수 있었습니다. 달려도 달려도 지치지 않는 체력으로 누구보다 빨리 달릴 수 있었습니다.

그리고 그 덕분에 나는 석 달 후 일본 오이타에서 열린 제1회 아태장애인 경기 대회에 한국 대표로 출전, 휠체어장애물 경기, 800미터 달리기, 소프트볼 던지기에서 각각 금·은·동메달을 수상하는 영예를 안았습니다. 기술을 배우기 위해 떠났던 일본에서 하나님은 내게 메달까지 안겨주고 계셨습니다.

하나님의 인도하심에는 이유가 있다

몇 년 전 나는 내가 사는 오하이오 주의 어느 병원에 다녀왔습니다. 같은 교회를 섬기는 의사 선생님이 계신 병원이라 교제 차 잠깐 들르게 된 것이지요. 나와 얘기를 나누던 선생님은 그날따라 '폐활량'에 관한 말씀을 하셨습니다. 그 말씀에 문득 일본 벳푸에서 있었던 일이 떠올랐습니다.

"제가 열여섯에 폐활량 검사를 했는데 그때 사람들이 제게 폐활량이 무척 좋다는 얘기를 하더라고요."

"그래요? 그럼 한 번 검사해보실래요?"

그분은 내 얘기에 곧바로 간호사를 부르시더니 폐활량 측정기를 가져오도록 하셨습니다.

"교수님, 이 기계로 측정하면 건강한 남성의 경우엔 3,000~3,500cc 정도가 나옵니다."

폐활량이란 최대로 숨을 들이마신 뒤에 최대로 숨을 내쉴 때 폐를 출입하는 공기의 총량을 나타냅니다. 건강의 정도가 폐활량의 높고 낮음으로도 많이 좌우되기 때문에 자신의 건강상태를 알아보기 위해서라도 한 번쯤 폐활량을 측정하는 것은 의미가 있다고 합니다. 그래서 나도 기꺼이 폐활량을 측정하기로 했습니다.

선생님이 가져오신 폐활량 측정기계를 보니 최대 5,000cc까지 표시가 되어 있었습니다. 측정을 앞두고 의사 선생님은 한 마디를 덧붙이셨습니다.

"보통 사람들은 약 열 번 정도를 불어야 자기 최고 폐활량이 나오거든요. 아마 교수님도 그러실 거예요."

"그래요? 그럼 한 번 해볼까요?"

재미있다는 생각으로 힘껏 폐활량 검사에 응했습니다. 그런데 의사분의 말씀과 달리 나는 두 번 만에 폐활량 최고치가 나왔습니다. 그것도 그 기계의 최고치인 5,000cc를 넘어서는 것으로 말입니다.

"어, 눈금이 5,000cc인 기계로는 교수님의 폐활량 측정이 안 돼요."

나이 오십에 잰 폐활량이 그 정도였다면 열여섯에는 훨씬 좋은 기록이 나왔을 게 분명합니다. 흥분되기도 하고 궁금하기도 해서 나는 집으로 돌아와 폐활량에 대한 정보를 좀 더 알아보았습니다. 살펴보니, 세계신기록를 보유한 마라톤 선수의 폐활량이 6,000cc 이상이라는 정보가 있었습니다. 그렇다면 나도 혹시 그 정도에 도달했던 건 아닌지 여러 가지 흥미로운 궁금증이 발동했습니다. 그리고 그 궁금증이 더해지면서 갑자기 옛날에 했던 휠체어 장애물 경기를 한 번 더 치르고 싶은 마음이 들었습니다. '내가 사는 오하이오 주에는 이런 대회가 없을까?' 싶어 인터넷을 뒤졌지요.

여러 정보를 뒤진 지 얼마 안 되어 오하이오 주에도 휠체어 경기 대회가 매년 열리고 있다는 사실을 발견했습니다. 나는 곧바로 참가 등록을 했습니다. 금세 신이 나고 흥분이 되었습니다. 그 대회에 선수로서 등록을 함과 동시에 벌써부터 운동장을 뛰고 있는 것만 같았습니다.

그런데 며칠이 지나자 경기를 치르기 위해서는 장비를 갖춰 연습해야 한다는 사실을 알게 되었습니다. 장애물경기라는 특성상 여러 코스의 장애물을 넘어서는 연습을 해야 하는데, 실제 코스에서 연습하는 건 규정상 제한되어 있다 보니 실제 코스의 모형을 각자의 연습 장소에 설치해서 훈련을 해야 했던 것입니다.

'어떻게 한담?'

막대한 장비를 갖추어 연습하기엔 비용이 너무 많이 들었습니다. 고민 끝에 나는 인터넷에 올라온 경기 코스의 도면을 프린트했습니다. 그러고는 그 도면을 보며 머릿속으로 연습을 해나갔습니다.

'여기서는 이 정도 앞으로 나가고, 저기서는 45도 각도로 휠체어를 돌렸다가 순식간에 왼쪽으로 틀어야지.'

코스의 도면이 내 머릿속에 다 들어온 후에는 눈을 감은 채 생각 속에서 연습을 거듭했습니다.

"출발과 함께 직진했다가 60도 각도로 몸을 숙인 후 속력을 냈다가 속도를 줄이고 다시 좌회전을 하고……."

그렇게 며칠 머릿속으로 연습을 한 뒤, 대회 당일이 되어 설레는 마음으로 출전 준비를 했습니다. 가서 보니 휠체어 장애물 경기의 출전 인원은 약 30~40명. "땅!" 하는 출발 신호와 함께 내 두 손은 있는 힘껏 휠체어를 밀었습니다. 그 옛날 일본에 다녀온 후 한국에서 열린 전국 휠체어 마라톤 대회에서 1등을 했던 경험을 떠올리며 힘차게 첫발을 뗀 후, 나는 여러 장애물들을 단숨에 넘어서고 있었습니다.

그리고 모든 장애물을 넘어 골인 지점에 도달할 때까지의 몇 초 동안 나는 달렸다기보다는 차라리 날아가고 있지 않았나 싶었습니다. 내게 있는 두 개의 휠체어 바퀴를 날개 삼아 바람을 가르며 목표 지점을 향해 날갯짓을 하고 있는 기분이었으니까요.

그렇게 날아갔기 때문이었을까요? 나는 그 대회에서 1위로 골인을 했습니다. 그것도 1분 16초인 그 전 기록을 넘어서는 1분 11초라는 대회신기록을 세우면서요. 응원을 하던 사람들이나 대회 관계자들은 오십이 넘은 낯선 동양인의 이 기록을 보며 엄청난 환호성을 보내줬습니다.

그 소리를 듣고 있자니 문득 일본 벳푸에서 열심히 훈련에 임하던 때가 떠올랐습니다. 그때 내가 휠체어를 선물받지 않았더라면, 내게 누구보다 뛰어난 신체적 조건이 있음을 그때 발견하지 못했더라면, 아니 내가 그때 휠체어를 움직이는 정교하고 뛰어난 기술을 습득하지 못했더라면 그날 나는 결코 장애물경기에서 1등을 할 수 없었을 것이기 때문입니다.

어디 그 경기뿐이었겠습니까? 그 시절, 내가 운동을 하느라 휠체어를 누구보다 민첩하고 정교하게 다룰 수 있게 된 것은 훗날 내가 지휘자로 살아가는 데에도 적잖은 도움을 주었습니다. 그것은 한국의 방송에서도 몇 차례 소개된 바 있는 나의 지휘단을 보면 이해할 수 있는 이야기인데요, 음악회를 관람하러 오는 많은 청중들은 무대 위에 세워진 지휘 단상을 보며 매우 놀라워합니다. 생각보다 너무 짧고 급한 경사로로 단상이 세워졌기 때문입니다. 그리고 그 짧고 가파른 경사로에 내가 순식간에 올라가서 지휘하다가 쏜살같이 내려오기 때문입니다.

그래서 음악회가 시작되기 전에 무대 세팅을 하는 분들은 내게 꼭 이런 얘기를 건넵니다.

"아휴 교수님, 이 단상이 너무 짧고 높지 않나요? 왜 이런 각도를 주문하셨어요? 지휘하시기 불안하실 것 같습니다."

그때마다 나는 "괜찮습니다"라는 말로 답했지만, 그에 대한 자세한 답을 하자면 다음과 같습니다.

첫째는 무대 전체의 모양새를 고려했다는 점입니다. 지휘단이 너무 길어 무대 전체를 장악해 버리면 음악회를 하는 데에 여러 가지로 부담이 생기게 마련입니다. 오케스트라 단원들에게나 또 관람하는 청중들에게나 내 나름의 배려를 한 것이라 할 수 있습니다.

두 번째는 그 정도의 경사로가 내가 오를 수 있는 최고의 각도라는 점입니다. 평소 내가 사용하는 단상의 각도는 보통 사람들이 매우 불안감을 느끼는 각도입니다. 휠체어를 밀어 올라가기도 쉽지 않고 사용하기도 꺼려하는 각도이지요. 하지만 나에게는 하나님께서 주신 남다른 운동감각이 있고, 휠체어의 움직임을 1~2밀리미터의 오차까지도 조절할 수 있는 기술이 있습니다. 그 기술이 있기에 수백 명, 수천 명이 바라보는 음악회에서 그 단상에 정확히 등장하고 퇴장하며 그 좁은 단상 위에서도 마음껏 지휘를 할 수 있는 것입니다. 말하자면 나는 음악을 지휘하는 순간에도 휠체어를 다루는 기술을 십분 활용한다고 볼 수 있습니다.

그러고 보면 하나님께서는 이것까지 내다보시고 내 나이 열여섯에 나를 일본에 보내신 게 아닌가 싶습니다. 한참 음악 공부를 해야 할 그 중요한 시기에 바이올린을 내려놓고 일본에 가서 휠체어를 타고 운동하는 것에 집중했던 것도 사실은 하나님의 속

깊은 계산이자 선물이었던 것입니다. 하나님의 인도하심에는 실수가 없고, 그분 안에 살면 우리가 겪는 모든 경험들이 다 유익하다는 것을 이 일을 돌아봐도 알게 됩니다.

그래서 나는 목표를 향해 가다가 잠시 다른 길로 돌아와버린 건 아닌지 염려하는 청춘들을 만날 때면 그렇게 얘기하곤 합니다. 때론 곁길로 돌아가는 것 같을지라도 그분의 인도하심 속에 있다면, 돌아서 가는 그 길이 나중엔 가장 효과적인 길이었음을 알게 될 거라고. 그분이 인도하시는 인생이라면 우리가 경험하는 것 중에 버릴 것은 하나도 없노라고…….

Andante

사랑은 슬픔마저도 함께하는 것이다

가장 비천한 곳에서 가장 깊은 은총을

내가 할 수 있는 것

일본에서 보낸 1년 동안의 생활은 내 인생의 1악장을 밝고 경쾌하게 마무리하도록 해줬습니다. 웅크린 채 걷던 나의 어깨가 어느덧 꼿꼿하게 펴진 느낌이랄까요. 내게는 전혀 없는 줄 알았던 사교적이고 친화적인 모습들이 고개를 들어 나의 성격으로 자리 잡아 갔습니다. 내성적인 줄만 알았던 내가 이토록 사람들을 좋아하고 활동적인 일에 적극적이 될 줄 누가 알았겠습니까?

나는 한국으로 돌아갈 때 그 전과는 사뭇 다른 기대감과 자신감이 있었습니다. 뭔가가 새로 시작될 것 같고, 그 일을 잘해낼 것도 같았습니다. 그러나 나를 기다리고 있는 현실은 기대와는 정반대의 것이었습니다. 강민자 선생님은 미국으로 이민을 가셨고, 나는 재활학교가 아닌 집에서 생활해야 했는데 내게 주어지는 일은 아무것도 없었습니다. 일반적인 코스를 밟았다면 그 시절에 나는 고등학교에 다녀야 했지만, 중학교 졸업장이 없는 터라 고등학교에는 진학할 수가 없었습니다. 그렇다고 이제 와서 중학교에 들어갈 수도 없는 노릇이었습니다. 일본에서 일했던 경험을 바탕으로 일자리도 찾아봤지만 당시만 해도 한국은 나와 같은 장애인에게 일거리를 줄 토양이 마련되어 있지 않았습니다. 음악 공부를 시켜줄 사람도 없고, 학교에 다닐 수도 없었으며, 그렇다고 일하러 갈 일터도 없는 곳, 그곳이 바로 내가 서 있는 자리였습니다.

갑자기 맞이하게 된 그와 같은 공백으로 내 머릿속은 텅 빈 듯 멍했습니다. 하고 싶은 것도 많고 뭐든 다 할 수 있다고도 생각했는데 내 손과 발이 꽁꽁 묶여버린 것 같은 현실을 어떻게 헤쳐가야 할지 막막했습니다. 가족들과 친지 분들은 그런 나를 바라보며 대책회의를 열기도 했습니다.

"도장 파는 기술이라도 가르쳐야 하지 않느냐?"

"인홍이는 앞으로 뭐하며 살아야 하나?"

"바이올린만 열심히 켜더니 결국 이렇게 된 거 아니냐?"

나를 걱정하는 그분들의 한숨 소리를 듣는 날이면 내 마음도 덩달아 땅으로 꺼져갔습니다. 바이올린도 다시 켜고 싶고, 운동도 하고 싶고, 공부도 하고 싶은데 아무것도 내게 허락되지 않으니 무력감은 커져갈 수밖에 없었습니다.

'아, 내가 할 수 있는 게 아무것도 없구나.'

바이올린을 배울 때는 소질이 있다는 칭찬도 받고, 운동을 할 때는 놀라운 운동능력을 갖추었다는 칭찬을 들으며 메달도 땄던 나였습니다. 일본 공장에서 일할 때도 남들보다 정교하고 빠르게 잘한다는 소리를 들어가며 일을 했습니다. 그러나 그 모든 게 다 무슨 소용이란 말입니까? 내게 더 이상 기회가 주어지지 않는다면 그나마 내게 있던 작은 능력들도 다 사라지고 말 일인 것을…….

그런데 좀 더 깊이 생각해보니 내가 할 수 있는 게 처음부터 아무것도 없었기 때문에 인생을 소망할 수 있다는 사실을 발견했습니다. 내게 있는 작은 능력들, 그것 역시 원래부터 나의 것이 아니었습니다. 내게 악기가 선물처럼 주어졌고 그 악기를 가르쳐주는 누군가도 선물처럼 만났기에 나는 바이올린을 켰던 것뿐이었습니다. 운동도 마찬가지였습니다. 나는 누군가로부터 휠체어와 좋은 신체조건을 선물로 받아 운동할 수 있었습니다.

음악이든 운동이든 일이든 순전히 내 힘과 능력으로 시작된 건 아무것도 없다는 것을, 그러기에 내가 아닌 누군가가 그 일을 계속 이어가게 해주지 않는다면 내 인생의 경영도 이루어지지 않는다는 것을 나는 그렇게 알아가고 있었습니다.

그러자 겸허한 소망이 무력감을 뚫고 내 안에서 움텄습니다. 그리고 간절히 인도하심을 기다리며 생각하게 되었습니다. 음악이든, 운동이든, 일이든, 만약 내게 새로운 기회가 주어진다면 감사한 마음을 잃지 않으며 달려가겠노라고. 만약 내게 새로운 기회가 주어진다면 그 귀한 기회를 주신 은혜 앞에 성실함과 겸손으로 답하겠노라고……

하나님께서는 여러분 안에서 선한 일을 시작하셨습니다.
그분은 끊임없이 일하고 계시므로
예수 그리스도께서 오시는 마지막 그날에
그 모든 선한 일을 확실히 완성하실 것입니다.

빌립보서 1장 6절

중요한 것은 감동이다

그 시절 나는 기도도 못했고 찬송도 못했습니다. 그저 인생을 주관하시는 그분에 대해 겸허하게 인정했을 따름이었습니다. 내가 유독 손발이 묶여 있었기 때문일까요? 나는 제대로 된 믿음이 없었음에도 내 인생을 내가 주관할 수 없다는 사실만큼은 확실하게 알았던 것 같습니다. 그래서 그토록 누군가의 인도하심을 목마르게 바라보았고, 그분의 인도하심이 올 때 감사하며 달려갈 준비를 하게 되었는지도 모르겠습니다.

그 모습을 하나님께서도 보고 계셨던 걸까요? 어느 날 갑자기 고영일 선생님이 나를 찾아 오셨습니다.

"이제부터 일본에 다녀온 것을 다 잊어버리고 음악을 해라. 너는 음악을 할 사람이다. 현악 4중주단을 만들어 연습에 열중하자."

그때 만약 체육회에서 나를 찾아와 체육인이 될 것을 권유했다면 나는 평생 체육인으로 살았을지도 모릅니다. 그런데 갈피를 못 잡는 내게 고영일 선생님이 먼저 찾아와 "음악을 하자"고 하셨습니다. 강민자 선생님의 서울대학교 후배라 그전부터 나와 잘 알고 지냈던 이분은 당시 대전의 목원대학교 음악대학에 강의를 나가고 계셨습니다. 그런데 이분의 마음에 다음과 같은 꿈이 생겼다고 합니다.

'재활원 출신의 아이들 네 명으로 현악 4중주단을 만들어서 세계적인 4중주단으로 키워야겠다.'

왜 그때 하나님께선 고영일 선생님에게 현악 4중주단을 만들 꿈을 갖게 하셨을까요? 그것도 하필 성세재활원 출신의 아이들로 말입니다. 우리는 선생님의 그 꿈 때문에 음악을 다시 할 수 있었습니다. 그 일 외에 다른 선택의 여지가 전혀 없었던 우리는 우리의 전부를 걸고 현악 4중주단 활동에 임하기 시작했습니다.

음악이 내미는 그 손을 마치 구세주의 손처럼 잡고서 말입니다.

이때 우리 4중주단의 탄생을 가장 기뻐했던 분이 남시균 이사장님이셨습니다. 재활학교 이사장님이셨던 남 장로님은 우리 4중주단의 이름도 '은총의 샘'이란 뜻을 지닌 '베데스다 4중주단'으로 지어주셨습니다.

또한 우리에게 가장 중요한 말씀도 남겨주셨습니다. 당시 4중주단의 탄생을 보며 모두가 축하를 해줄 때의 일입니다. 모두들 "잘되었다", "기대된다" 하면서도 한 가지 안타까워하는 부분이 있었습니다. 그것은 바로 우리가 쓰는 악기의 수준이었습니다. 수천만 원짜리 최고급 악기는 사지 못하더라도 전공자들이 사용하는 악기 정도는 구입해야 4중주단으로서 활동하기에 손색이 없을 텐데, 우린 모두 가장 하급의 바이올린을 겨우겨우 마련한 터였습니다. 좋은 소리를 내려면 좋은 악기를 써야 한다는 걸 모두들 알고 있었기에 마음이 쓰이지 않을 수 없었습니다. 그럴 때 남 이사장님께서 우리를 불러 모아 이렇게 말씀하셨습니다.

"너희들은 악기의 좋고 나쁨은 신경쓰지 말고, 사람의 마음을 울릴 수 있는 소리를 내는 데 집중해라. 악기도 중요하지만 더 중요한 건 너희가 사람의 마음을 움직이는 소리를 낼 수 있느냐 없느냐 하는 것이다."

음악의 전문가는 아니었지만 남 이사장님의 그 말씀은 정곡을 찌르는 말씀이셨습니다. 마음 깊이 동의가 되었습니다.

'맞다, 현악기는 그게 가능하다. 사람의 마음을 울리는 것, 사람의 마음을 움직이는 것……'

현악 4중주단은 어떤 조합의 단원들보다 가장 예민하고 섬세한 소리를 내야 하는 팀입니다. 그래서 더욱 악기의 질이 중요할 수밖에 없습니다. 하지만 그렇게 예민한 소리를 내는 악기이기에 사람의 마음을 움직일 수 있습니다. 악기의 질이 비록 떨어진다 해도 현악기라면 사람의 마음을 울리는 게 가능합니다.

나는 이미 그 사실을 휴대용 전축에서 흘러나오던 모차르트의 음악을 들으며 체험한 사람이었습니다. 지직거리는 잡음과 함께 흘러나오던 그때의 그 바이올린 소리가 얼마나 내 마음을 울렸는지, 얼마나 내 영혼을 흔들어놓았는지 나는 지금까지도 다 표현할 수가 없으니까요. 그래서 나는 이사장님의 그 말씀을 가슴 깊이 새겼습니다. 그리고 지금까지도 그 말씀을 떠올리며 연주할 때가 많습니다.

"중요한 것은 사람의 마음을 울릴 수 있느냐 없느냐의 문제다. 그것이 가장 중요하다."

베데스다 4중주단으로서 연습할 때와 연주할 때, 나는 그런 감동을 주는 바이올리니스트가 되기를 꿈꾸며 연습하고 연주했습니다.

그런 소망 때문이었을까요. 아직 여러 가지로 서툴고 부족한 연주였을 텐데도 그 시절, 우리의 연주를 듣고 감동받았다고 인사하는 이들이 종종 있었습니다.

한 번은 길거리를 가던 내게 낯선 청년이 다가와 반갑게 인사를 건네더군요. 이른 아침나절, 길거리에서 손수레를 끌며 어렵게 생활하는 듯한 그 청년은 나를 잘 아는 듯이 말을 걸어왔습니다.

"어, 누구시죠?"

"아, 참 그러고 보니 저를 모르시겠군요. 몇 년 전 ○○소년원에서 연주회를 한 적이 있으시죠?"

"아, 네. 기억납니다."

"그때 제가 그 연주를 들으며 얼마나 감동을 받았는지 모릅니다. 가슴이 뛰었습니다. 그 덕분에 지금은 소년원에서 출소해서 열심히 잘 살고 있어요. 정말 삭막하기만 했던 그때, 그 연주회는 제게 큰 힘이 되어주었거든요. 꼭 감사하다는 말씀을 드리고 싶었어요."

소년원에서 우리의 연주를 들으며 그는 과연 어떤 감동을 느꼈던 것일까요? 거칠고 메마른 소년원 생활 속에서 그가 정말 우리의 연주를 통해 부드럽고 따뜻한 한줄기 아침볕을 느끼고 그 마음에 소망의 기운이 솟았다면 우리는 성공적인 연주를 했다고 할 수 있습니다.

그 아침, 나는 청년으로부터 들은 감사 인사에 마음이 한껏 부풀어 올랐습니다. 그리고 더욱 기도하게 되었습니다. 마음을 움

직이는 연주자, 가슴을 울리는 바이올리니스트가 되게 해달라
고…….

주님은 나의 목자

  베데스다 4중주단이 창단된 후, 나는 비로소 내 믿음, 내 신앙
으로 하나님의 이름을 부르며 나지막이 기도드리는 사람이 되어
갔습니다. 이러한 변화는 좋은 목사님과의 만남이 있었기에 가
능했던 일이었습니다. 그리고 이 만남 또한 하나님의 은총 속에
일어난 일이었습니다.

  베데스다 4중주단으로서 연습과 활동에 전념하기로 한 우리
네 사람은 이를 위해 1976년부터 대전의 용두동 변두리 주택가
에 집을 얻어 생활하게 되었습니다. 그런데 동네 언덕 위에 한
교회가 있었는데 그 교회 담임목사님이 그전부터 잘 알고 있던
분이셨습니다. 우리 집이 구멍가게를 하던 시절에 같은 동네에
사시던 분이었습니다. 김신옥 목사님은 남편인 교장선생님과 함
께 동네 사람들로부터도 무척 존경을 받던 분이셨지요. 그런데
이분이 나중에 목사님이 되시어 목회활동을 하셨는데 공교롭게
도 우리가 사는 용두동 언덕 위 교회에서 섬기고 계셨으니, 참
놀라운 일이 아닐 수 없었습니다.

목사님은 우리 네 사람을 보신 뒤 한결같은 사랑으로 마음을 써주셨습니다. 가난한 우리들을 위해 쌀과 김치, 밑반찬을 가져다 주셨던 것은 물론, 언덕 위 교회까지 휠체어를 밀고 올라갈 수 없는 우리들을 배려해서 주일마다 건장한 운동선수들을 보내어 교회에 올 수 있도록 배려해주셨습니다. 목사님과 대표기도 하시는 장로님만 올라갈 수 있었던 강대상 위에 우리들의 자리를 마련하시어 예배의 처음부터 끝까지 찬송가 연주를 하도록 기회를 주기도 하셨습니다.

당시만 해도 교회적으로 그와 같은 배려를 한다는 건 드문 일이었습니다. 교회든 어디든 사회 전체가 장애인에 대한 편견으로 가득한 때여서 어떤 교회는 아예 휠체어를 탄 장애인들이 교회에 들어가지 못하도록 막는다는 얘기도 있었습니다.

그런 가운데 김신옥 목사님이 보여주신 변함없는 사랑은 우리들에게 '하나님의 사랑'에 대해 마음이 녹는 계기가 되었습니다. '뭔가 있구나. 이분에게는 사람의 사랑이 아닌, 하나님의 사랑이라는 게 있구나. 이런 게 바로 하나님으로부터 오는 사랑이라는 것이구나.'

내가 그렇게 생각했던 것은 김신옥 목사님이 보여주신 사랑이 다른 사람들의 그것과는 달랐기 때문이었습니다. 이분은 우리들에게 사랑을 베풀어야 할 아무런 이유가 없었습니다. 우리가 교회에 헌금하는 것도 아니었고, 목사님의 꿈을 이루어드릴 수 있는 것도 아니었습니다. 김목사님은 아무런 이유 없이 우리에게 사랑을 베풀고 계셨습니다. 그것도 꼭 필요한 때에 필요한 사랑을 주고 계셨습니다. 배가 고플 때 쌀을 주시고, 마음이 고플 때 위로해주시는 분이 바로 김 목사님이었습니다.

목사님의 사랑을 알게 되면서 나는 비가 오나 눈이 오나, 한주도 빠짐없이 교회에 나가게 되었습니다. 만약 그 사랑이 없었다면 그렇게까지 열심히 교회에 다니지 않았을 것입니다. 그때까지도 내 믿음은 매우 연약한 수준이었으니까요. 그랬던 내가 교회를 꾸준히 다니면서 하나님의 말씀을 듣게 되자 차츰 믿음이 자라게 되었습니다. 막연했던 믿음, 누군가 나를 지켜보고 계실지 모른다는 그 희미했던 믿음의 실체를 그제서야 비로소 알게 된 느낌이었습니다.

'아, 하나님의 사랑이었구나. 나를 돌보시고 살피시며 인도하시는 하나님 아버지의 사랑이 지금까지의 나를 가능하게 하고 있었구나. 나는 이제까지 그 사랑 속에서 인도하심을 받고 있었구나.'

어느 날은 말씀을 듣다가 이 사실을 깨닫게 되었습니다. 그전까지 희미하게 알았던 하나님의 사랑, 예수님에 대한 확신을 그제서야 비로소 갖게 되었던 것입니다.

그때부터 나는 연주를 하다가도, 혹은 혼자 상념에 젖어 있다가도 문득문득 그 사랑의 아버지를 떠올리며 조용히 기도를 하게 되었습니다. 무릎 꿇어 정식으로 하는 기도는 아니었지만, 나는 그렇게 아버지의 사랑을 아는 자녀가 되어가고 있었습니다.

> 어느 누구도 여태까지 하나님을 본 적이 없습니다.
> 그러나 우리가 서로서로 사랑하면,
> 하나님께서 우리 안에 거하십니다.
> 우리가 서로 사랑할 때,
> 하나님의 사랑은 우리 안에서 완전해질 것입니다.

요한일서 4장 12절

연탄광에서의 전투

베데스다 4중주단이 탄생된 후 고영일 선생님은 우리의 지도교수이자 매니저가 되셨습니다. 가끔씩 연주회 스케줄도 잡아오셨고, 우리에게 지독한 연습 분량을 숙제로 내주기도 하셨습니다. 그에 따라 우리도 교회에 가는 주일을 제외하고는 아침부터 밤까지 거의 연습하는 데에 모든 에너지를 집중하곤 했습니다.

연습은 각자의 몫이었습니다. 선생님께서 가끔씩 음악적인 기법을 가르쳐주기도 하셨지만, 대부분의 연습 시간은 혼자 악기를 붙잡고 싸우는 시간이었습니다. 연습 분량이나 연습 태도에 대해 가혹할 만큼 혹독하게 요구하시는 선생님의 주문에 따라, 우린 날이면 날마다 각자의 연습실에서 악기를 붙잡고 홀로 분투를 해나가곤 했습니다.

맞습니다. 그 시절 우리는 '연습'이 아니라 '분투'라 표현할 만큼 치열한 시간을 보내고 있었습니다. 좁고 후미진 주택가의 좁은 집에서 네 사람이 함께 먹고 자고 생활하며 살았던 그 3년의 시간은 어쩌면 내 생애 가장 힘들었던 전투였을지도 모르겠습니다. 내 안의 고독한 나와 싸우고, 내 안의 무기력과 싸우며, 내 안의 뛰쳐나가려는 욕구와 싸우던 시간이었습니다. 나는 그와 같은 소리 없는 전쟁을 치르며 날마다 하루 10시간 이상 바이올린을 붙잡고 연습을 했습니다.

우리의 연습 장소는 특별했습니다. 제1바이올린을 맡은 나는 연탄광에서, 제2바이올린과 비올라, 첼로를 맡은 다른 친구들은 각각 방과 부엌, 마당에서 연습을 했습니다. 집 자체가 좁다 보니 그렇게 흩어져 연습해도 고도로 집중해야만 자신의 악기 소리에 몰입할 수 있었습니다. 사실, 방음시설이 전혀 갖춰지지 않은 그 집은 네 사람이 동시에 연습하기에 매우 힘든 곳이었습니다. 하지만 "악기를 탓하지 말고 사람의 마음을 울리는 연주를 하라"는 남 장로님의 말씀대로, 우리는 연습실을 탓하지 않기로 모두 마음을 다잡았습니다. 그저 묵묵히 자신과 싸우며 각자의 장소에서 각자의 소리에 집중하며 하루 10시간에서 15시간의 연습 분량을 다 채우곤 했습니다.

물론 그것이 쉬운 일은 아니었습니다. 특히 찬바람이 몰아치는 계절의 연습실 상황은 무척 열악했습니다. 난방도 제대로 되지 않았기에 아침마다 찬 공기가 쌩, 하고 휘몰아칠 때면 이불 밖으로 나가기조차 꺼려졌습니다. 하지만 나는 그 싸움에서 질 수 없었습니다. 새벽 6시면 어김없이 일어나 연습실로 향했다가 깜깜해진 저녁이 되어서야 방으로 들어가기를 반복했습니다. 연탄광에 들어설 때 내 온몸을 휘몰아치던 새벽 칼바람은 얼마나 매서웠던지요. 나는 사시나무 떨듯 오들오들 떨며 휠체어 위에서 바이올린을 잡아 내 턱에 갖다 대었습니다. 그러면 바이올린을 잡은 내 한 손과 활을 잡은 다른 한 손뿐 아니라 내 악기까지도 덜덜 떨고 있음이 느껴졌습니다. 그런 날이면 광 밖으로 보이는 새벽별까지도 나와 함께 추위에 떨고 있는 듯 보였습니다.

추위를 잊기 위한 방법은 오직 바이올린을 열심히 켜는 일이었습니다. 열심히 바이올린을 켜다 보면 적어도 열 손가락만큼은 얼어붙지 않을 테니 말입니다. 하지만 바람이 한 번 휘몰아치면 연탄가루가 내 코와 입 속으로 떠밀려 들어오는 바람에 속수무책으로 연탄가루를 들이마셔야 했습니다. 손가락은 얼지 않았지만 하루 10시간 이상 휠체어 위에 놓여 있던 내 발가락들은 심하게 얼어 터져서 상처 나고 곪는 일들이 다반사였습니다.

그렇게 가혹하고도 힘들었던 계절이 한 번 가고 두 번 가고 세

번 갔습니다. 꽃다운 청춘의 시절을 나는 오직 연탄광에 들어앉아 바이올린 소리에만 집중하며 보내고 있었습니다. 보장된 결과도 모른 채, 달려가야 할 방향도 모른 채, 그저 그것만이 내가 할 수 있는 유일한 선택이었기에 나는 그렇게 초라한 연습실에서 나의 젊음을 다 쏟아붓고 있었습니다.

절박한 환경은 축복이다

당시 우리는 음악을 할 수 있는 유일한 길 위에 서 있었습니다. 아니, 그 길은 음악뿐만 아니라 우리가 어딘가로 갈 수 있는 유일한 길이었습니다. 그런데 그 유일한 길은 벼랑 위의 좁은 코너와 같아서 고도로 집중하여 운전하지 않으면 곧바로 추락할 수 있는 길이었습니다. 그렇다고 해서 포기할 수도 없었습니다. 그 길이 지나면 어떤 길이 나올지 모르지만, 그래도 그 길은 우리가 선택할 수 있는 유일한 길이었기 때문입니다. 그 길은 우리에게 영혼의 노래를 부를 수 있게 하는 유일한 길이면서 동시에 생존의 길이요 생계의 길이었으며 생명의 길이었던 것입니다.

그와 같은 길 위에 섰기에 우리는 하루 10시간씩 연탄광에서, 마당에서, 부엌에서, 방에서 놀랍도록 집중하여 연습에 연습을 거듭할 수 있었습니다. 그런 우리들의 모습이 신기해서 가끔씩 음대생들이 와서 구경하다 가기도 했는데, 그들은 하나같이 애처로운 눈빛으로 우리를 바라보다 사라지곤 했습니다. 때로는 '저래 가지고 삼류 음악 인생밖에 뭐가 되겠어?' 라는 무시의 눈빛을 남기는 이들도 있었습니다.

하지만 이제 와서 고백하건대, 우리는 그 시절 가장 깊은 음악, 가장 아름다운 화음을 경험하고 있었습니다. 비록 음악 이론과 지식은 잘 모를지언정 온몸과 마음을 다 적시며 음악의 세계 속에 들어가고 있었습니다. 나중에 우리 모두는 유학 생활을 하며 음악 공부를 했는데 유학 기간에도 그때만큼 심혈을 기울이며 음악에 집중한 적이 없다 할 정도로 그 시절의 음악은 우리의 전부였습니다.

그 치열한 몰입의 결과였을까요? 4중주단이 모여 연주를 하면 말로 표현 못할 앙상블이 우리를 감싸곤 했습니다. 앙상블은 그 어원을 보면 화합이라는 뜻입니다. 그러니까 음악적 앙상블이 깃들었다는 말은 음악적인 화합이 완벽하게 이루어졌다는 뜻입니다. 당시 베데스다 4중주단의 연주 속에는 놀랍게도 그런 앙상블이 깃들어 있었습니다. 기술과 기교는 부족했지만 우리 네 사람이 연주하면 음악적인 타이밍과 리듬과 호흡과 느낌까지 하나가 된 듯 했습니다. 연주를 하면서 굳이 서로에게 말하지 않아도 우린 하나의 머리를 가진 사람처럼 연주하곤 했습니다. 서로의 눈빛만 봐도, 아니 같은 자리에 앉아 같은 곡을 연주하기만 해도 우리는 서로의 마음에 흐르고 있는 음악적인 생각과 마음까지 읽어내고 있었던 것입니다.

우리 네 사람이 벌거숭이인 채로 같이 먹고 자며 동고동락을 했기 때문일까요? 아니면 네 사람 모두 같은 아픔을 가지고 같은 곳을 바라보며 연주했기 때문일까요?

때로는 서울에서 내려온 음악가들도 우리가 내는 앙상블에 놀라워하며 박수를 보내곤 했습니다. 결코 '불쌍한 애들이 수고가 많다'는 식의 동정 어린 박수가 아니라, 현악 4중주단이 만들어내는 음악적인 화합에 대한 감동의 박수 소리라는 걸 알 수 있었습니다.

사실, 현악 4중주단의 조합은 가장 완벽한 앙상블 음악의 형태라 할 수 있습니다. 오케스트라의 조합도 따지고 보면 이 현악 4중주단이 내는 네 가지 음을 풍성하게 낸 것이라 할 정도로, 모든 음악의 기본이요 주축이 바로 4중주단이 내는 소리입니다. 그래서 음악 애호가들은 "최고의 음악을 들으려면 4중주의 소리를 들으면 된다"고까지 말하곤 합니다. 솔리스트의 독주도 아니면서, 그렇다고 오케스트라 속에 묻혀버리는 소리도 아니면서, 네 사람의 조합으로 이루어지는 4중주의 연주 속에는 최고의 앙상블을 가장 예민하고 민감하게 맛볼 수 있는 장점이 있기 때문입니다.

우리는 당시 그와 같은 4중주 음악의 장점을 온몸으로 습득할 수 있는 여건 속에 놓여 있었습니다. 솔리스트로서도 각자 치열하게 연습하면서, 동시에 같은 아픔과 같은 꿈을 가지고 4중주단으로서 같은 곡을 소화하고 있었으니까요.

그런 면에서 베데스다 4중주단으로 연습하고 활동했던 3년은 지금의 음악 인생을 가능하게 한 밑거름의 시간이었다고 말할 수 있습니다. 훗날 내가 유학 생활을 마친 뒤 대전에 와서 대전시향 악장으로 일할 때 나보다 훨씬 화려한 경력을 가진 연주가들을 이끌 수 있었던 힘도 이미 그때 형성된 것이라 할 수 있습니다. 그때 나는 손가락을 움직이는 테크닉이 아니라 음악의 감정, 음악의 조화, 음악의 느낌을 확실하게 배우고 있었던 것입니다. 우리는 가장 초라한 변두리의 연탄광에서, 가장 밑바닥 생활을 하면서 그 엄청난 것을 배워가고 있었던 것입니다.

어떻게 그게 가능했을까요? 그 비밀은 바로 '간절함'이었습니다. 그 옛날 예루살렘 양문 곁 베데스다 연못가에 모여 있던 환자들처럼, 우리 4중주단은 늘 간절하게 연주하는 사람들이었습니다. 언젠가 한 목사님이 이 부분에 대해 이렇게 설교하시더군요.

"천사가 가끔 내려와 물을 움직이게 한 후 가장 먼저 들어가는 자는 어떤 병이든지 나았다는 베데스다 연못가를 생각해보십시오^{요 5:1~9}. 그때 그 연못가에 모여 있던 무리들 중 물이 움직였을 때 어떤 사람이 제일 먼저 들어갔겠습니까? 가장 많이 아픈 자,

어떤 것으로도 치료되지 않는 자, 그래서 베데스다 연못이 사무치게 간절한 자가 가장 먼저 들어갔을 것입니다. 그렇게 간절했기에 베데스다 연못에 온몸을 담갔을 것입니다."

그 말씀을 들으며 나는 우리 베데스다 4중주단이 받은 축복을 떠올리지 않을 수 없었습니다. 가장 초라했기에 가장 간절했던 그때, 그래서 가장 특별하고 화려한 경험을 할 수 있었던 그 시절이야말로 내게 허락된 가장 큰 축복의 시간이었음을 알게 되었던 것입니다. 용두동에서 베데스다 4중주단으로서 보낸 3년여의 절박했던 시간들, 그 절박함은 오늘의 나를 만든 원동력이었습니다. 그 절박했던 환경과 조건이야말로 내게 주신 가장 큰 축복이었습니다.

만남의 기적, 하나님의 타이밍

낮과 밤이 반복되듯이

베데스다 4중주단으로 보낸 3년의 세월은 우리에게 많은 걸 안겨주었습니다. 음악과 함께 눈을 뜨고 음악과 함께 눈을 감는, 음악이 전부였던 시간이었지요. 마치 네 사람이 하나의 심장을 가진 듯, 같은 마음으로 네 대의 악기가 움직이는 신기한 경험을 하며 살았습니다. 한솥밥을 먹으며 많은 낮과 밤을 보내는 동안 뜨거운 눈물도 함께 흘리고 기쁨의 환호성도 함께 외쳤습니다. 함께 가는 이 길의 끝에 무엇이 나올지 모르지만, 아마도 인생길이 끝나는 날까지 우리는 그 길을 같이 가게 될 거라 믿으면서 말입니다.

그런데 3년여의 시간 끝에 '베데스다의 해체'라는 뜻밖의 사건이 터지고 말았습니다. 여기에서 자세히 표현할 수 없는 아픔이 된 그 일은 모두에게 매우 큰 상처로 남았습니다. 우리가 앞으로 정진할 수 있는 유일한 길이다시피 했던 '베데스다 4중주단'이라는 배에서 스스로 내려야 했으니 그것은 가히 뼈를 깎는 아픔이라 할 만했습니다.

"주님, 이제 어디로 가야 합니까?"

청춘을 다 바치듯 살았던 3년여의 시간이었기에 베데스다가 해체된 후의 허무함은 말로 할 길이 없었습니다. 하루 15시간씩 연탄광에서 연습했던 모든 날들의 의미마저 사라져버리는 건 아닌가 싶기도 했습니다.

하지만 그런 생각도 잠시, 낮이 지나면 밤이 오고, 밤이 지나면 아침이 오듯 인생이란 어두운 터널과 밝은 들판을 반복해서 지나가야 한다는 사실을 그분은 내게 알려주셨습니다. 우리가 혹 낮을 지나 밤의 시간을 보내고 있다면 어쩌면 그것이 하나님께서 이끄시는 목적지를 향해 잘 가고 있다는 증거일지도 모른다는 것입니다. 서울에서 부산까지 가려고 해도 터널을 지났다 들판을 지났다 반복해야 목적지에 도달할 수 있는 것처럼 말입니다. 찬송가 487장(통 535장) 가사는 이 사실을 잘 말해주고 있습니다.

어두움 후에 빛이 오며 바람 분 후에 잔잔하며
소나기 후에 햇빛 나며 수고한 후에 쉼이 있네.

연약함 후에 강건하며 애통한 후에 위로받고
눈물 난 후에 웃음 있고 씨 뿌린 후에 추수하네.

괴로움 후에 평안하며 슬퍼한 후에 기쁨 있고
멀어진 후에 가까우며 고독함 후에 친구 있네.

고생한 후에 기쁨 있고 십자가 후에 면류관과
죽음 온 후에 영생하니 이러한 도가 진리로다.

이 찬송가 가사뿐 아니라 시편 23편도 같은 내용의 노래입니다. 사망의 어두운 골짜기를 지나야 푸른 초장, 맑은 물가가 나타난다는 것입니다.

그렇다면 그 하나님께선 내 인생을 어디로 어떻게 이끄실 계획이셨을까요? 길이 끊어져 더 이상 갈 길이 없겠다 싶었던 그때, 그분은 어떤 빛을 보여주시려고 나를 잠시 적막한 고독 속에 놓이도록 하셨던 걸까요? 그 길이 어떤 길인지 알 수 없었지만 아주 잠깐씩이나마 내 생각을 내려놓고 그분의 인도하심을 소망하다 보면 그분은 마치 내게 이렇게 말씀하시는 듯했습니다.

"잘 가고 있다. 네가 가야 할 그 길로 잘 가고 있는 중이다."

되는 일이 하나도 없는 것 같았던 그때, 그래서 막막하고 답답하기만 하던 그때에도 그분은 나의 암울한 심정과 달리 오히려 소망에 찬 말씀을 하시는 듯했습니다. 어둠과 빛의 주관자, 길이 끊어진 곳에서 새로운 길을 내주시는 분, 눈물 뒤에 웃음을 주시고 고독 뒤에 친구를 주시는 분, 그분이 바로 하나님이시기 때문일까요? 내가 절망하고 있던 그때에도 하나님은 오히려 밝게 웃고 계신 듯했습니다.

보아라. 내가 이제 새 일을 시작하겠다.
그 일이 이미 나타나고 있는데 너희는 알지 못하겠느냐?
내가 사막에 길을 내겠고, 메마른 땅에 강을 내겠다.

이사야 43장 19절

정립회관, 김남윤 교수님

베데스다 해체 후, 우린 모두 뿔뿔이 흩어져 지냈습니다. 또다시 나는 주변 사람들로부터 "쟤 어떻게 하면 좋냐?"는 시선을 받기도 했습니다. 좀 심하게 말해서 당시 내 모습은 꿰다놓은 보릿자루처럼 대책 없어 보이는 인생으로 비쳤을 것입니다.

하지만 성경에 나온 약속의 말씀 그대로, 내가 그렇게 약해졌을 때(When I Am Weak) 하나님께선 나를 강하게 만들어주셨습니다(Then I Am Strong)^{고후 12:10}. 아무것도 기대할 수 없어 주저앉아 있는 내게 하나님은 또 다시 기적과 같은 만남의 은혜로 나를 세워주셨습니다. 서울 워커힐 호텔 근처에 있는 '한국소아마비협회 정립회관'과의 만남이 그것이었습니다.

베데스다 4중주단이 해체된 지 불과 얼마 되지도 않았는데 우리 소식을 들은 정립회관 측으로부터 후원 약속이 날아왔습니다. 베데스다 4중주단이 계속 연주를 할 수 있도록 숙소 제공은 물론, 공부의 길까지 제공해준다는 것이었습니다.

아, 그때의 벅찬 기쁨과 감사를 어떻게 표현해야 할까요? 가장 비천한 자들을 들어 가장 존귀하고 특별한 자리로 이끄시는 그분의 은혜에 나는 감사로밖에는 화답할 길이 없었습니다.

그때부터 우리 베데스다 4중주단은 서울에서 3년 동안 머물게 되었습니다. 이번엔 불편한 주택가가 아니라 편리한 정립회관 기숙사에서 생활했고, 그곳에서 소개해준 교수님들로부터 레슨도 받았으며, 세종문화회관에서 연주회도 가졌습니다. 다양한 연주자들과 만나 음악의 깊이와 폭을 넓히는 시간도 가질 수 있었습니다.

특히 나는 이 당시, '한국 바이올린계의 대모'라 알려진 김남윤 교수님으로부터 특별 레슨을 받는 수혜를 받았습니다. 현재도 한국종합예술학교의 교수님으로서 수많은 바이올리니스트들을 길러내시는 이분은 당시에도 최고의 바이올리니스트로서 명성이 높았습니다. 그 사실을 알고 있던 나는 무슨 용기로 그분께 레슨을 받고 싶다고 부탁을 드렸는지 모르겠습니다. 대통령의 아들이 그분께 레슨을 받는다는 소문이 돌 정도로, 김 교수님께 레슨을 받으려면 특별한 지위나 실력이나 배경이 있어야만 할 것 같았습니다. 그 때문에 나는 부탁은 드렸지만 그런 특별한 기회가 내게 돌아오기는 어려울 거라 여겼습니다.

그런데 놀라운 일이 일어났습니다. 당시 경희대학교 교수님으로 무척이나 바쁘셨던 김남윤 교수님께서 선뜻 나를 제자로 받아주시겠다는 연락을 해오신 것입니다.

"Amazing Grace!" 내게 있어 놀라우신 하나님의 은혜는 늘 그런 식으로 부어졌습니다. 놀라운 만남의 기적과 축복으로 말입니다.

이 사실을 알았기에 나는 교수님께 레슨을 받는 날을 그냥 기다리지 않았습니다. 정말 전쟁을 치르듯 열심히 연습하며 간절하게, 또 간절하게 기다렸습니다. 교수님 앞에 갔을 때 약간의 실수가 나오면 스스로 엄청나게 속상해할 만큼, 나는 교수님께 받은 그 은혜의 가치를 아무렇게나 여기는 사람이 되고 싶지 않았습니다. 잘 배우고 싶었고, 더 많이 배우고 싶었습니다.

나의 그 마음을 교수님께서도 아셨던 걸까요? '호랑이 선생님'으로 유명하신 교수님은 바쁜 시간을 쪼개서 나를 만나실 때마다 하나라도 더 가르쳐주시려 하셨습니다.

"연습을 하루 거르면 자신이 알고, 이틀 거르면 비평가가 알고, 삼일 거르면 청중이 안다"는 야사 하이페츠Jascha Heifetz의 말을 지금도 교수실 액자에 걸어놓고 계신 걸 봐도 알 수 있듯이, 김남윤 교수님은 연습량을 매우 중요하게 여기는 분이셨습니다.

나 역시 교수가 된 이후 그 부분을 매우 중요하게 여기는데, 레슨을 받으러 오는 제자들을 만나 바이올린 소리를 들어보면 그가 지난 며칠간 얼마나 연습했는지를 대번에 알 수 있습니다. 절대적인 평가를 기준으로 그가 얼마나 잘하는 편에 속한가보다 그가 나의 레슨을 받는 동안 얼마나 성실하게 연습을 했고, 그 연습한 노력이 정직하게 나타나는가를 더 눈여겨보는 게 교수의 마음이란 걸 교수가 된 이후 알게 된 것입니다. 그래서 나 역시 꼬박꼬박 성실하게 연습해오는 제자를 보면 하나라도 더 가르쳐주고 싶은 마음이 들곤 합니다.

그 당시의 김남윤 교수님께서도 내게 그런 모습으로 다가오셨습니다. 레슨비 한 번 받지 않으셨지만 음악에 대한 열정과 사람에 대한 사랑으로 매 수업마다 참으로 진지하게, 열과 성의를 다해 가르쳐주셨습니다. 가르칠 때는 엄격하게, 평소에는 엄마처럼 자상하게 대하시는 김남윤 교수님의 수업이 끝나면 교수님의 어머니께서 종종 내게 케이크 같은 선물을 싸주셨던 일도 기억납니다.

그 후로도 교수님은 내가 유학 중에 있을 때나 한국에 일시 귀국했을 때 아무 조건 없이 물심양면으로 도와주시며 스승의 사랑을 보여주셨습니다. 1990년 6월 즈음이었던 것으로 기억합니다. 유학 후 서울 예술의 전당에서 독주회를 열게 된 나는 교수님께 찾아가 초대권을 드렸습니다. 하지만 교수님은 고개를 저으시더니 이렇게 말씀하셨습니다.

"팔 수 있는 표를 있는 대로 가져와라."

결국 교수님께선 그 표를 사서 제자들과 함께 리사이트 홀을 가득 메워주셨습니다. 서울에 아는 사람이라곤 거의 없던 나의 사정을 아시고 그와 같은 배려를 해주셨던 것입니다.

유명하지도 않고 아무런 배경도 없던 나에게 하나님께선 김남윤 교수님 같은 분을 만나게 하셔서 참 특별한 이력과 추억을 쌓도록 인도하고 계셨습니다.

최고의 매니저, 김태경 선생님

그 시절을 돌아보면서 알게 된 한 가지 사실이 있습니다. 하나님께선 마치 하나의 오케스트라 교향악단을 구성하듯이 한 사람 한 사람을 내 인생의 오케스트라 속에 포함시키고 계셨다는 사실입니다. 물론 그 오케스트라의 지휘자는 하나님이시고, 나는 그 단원 중 한 사람이었습니다. 서로의 소리가 모이고 협력해야만 하나의 웅장하고 아름다운 소리를 낼 수 있기에, 하나님께선 단원들 한 사람 한 사람을 불러 모아 내가 바이올린 소리를 제대로 낼 수 있도록 돕게 하시면서, 하나의 곡을 완성해가고 계셨습니다.

어머니, 강민자 선생님, 젠 영, 베데스다, 김남윤 교수님…….

그렇게 차곡차곡 단원들을 모으시던 하나님께서 이번에는 김태경 선생님을 부르셨던 게 분명합니다. 이분과의 만남 역시 하나님께서 주선하지 않으셨다면 불가능했을, 참으로 기적과 같은 만남이었기 때문입니다.

김태경 선생님을 만날 무렵, 우리는 모두 검정고시를 준비하고 있었습니다. 당시 경희대학교 음악대학에 다니고 있던 고향 후배 조성은 양(지금의 아내)의 "검정고시로 중고등학교 과정을 마치라"는 권유를 받고서야 우리는 "아, 검정고시란 게 있었지"라며 서둘러 공부를 시작했고, 그 덕에 우리는 거의 1년 만에 중학교 과정을 패스할 수 있었습니다. 하지만 기초도 부족한 우리가 고등학교 과정의 공부를 홀로 한다는 것이 쉬운 일은 아니었습니다. 특히 영어공부가 제일 어려웠습니다.

그렇게 영어공부에 어려움을 느낄 무렵, 해군장교로 근무하시며 우리와 같은 교회를 다니시는 김태경 선생님과 친해지게 되었습니다. 당시 총각이셨던 김 선생님은 유복한 집안의 엘리트 출신으로 무엇하나 부족함이 없어 보이셨는데 우리가 탄복한 것은 이분이 인품까지 더없이 좋으셨다는 점입니다. 교회에 갈 때마다 휠체어를 밀어주는 등의 번거로운 일을 기꺼이 맡으셨던 선생님은 나중에 우리의 사정을 알고 밤마다 오셔서 영어를 가르쳐주기도 하셨습니다.

그러다가 차츰 우리의 손과 발이 되어 베데스다의 대외활동 업무까지 관장해주셨습니다. 연주회 일정을 관리한다거나 외부 사람들을 만나는 일, 특히 외국에서 음악가가 왔을 때 서로를 소개하며 소통하는 일은 김 선생님만이 할 수 있는 일이었습니다. 처음에 몇 번 우리의 부탁으로 이런 일을 해주시던 김 선생님은 나중에 무슨 결심이라도 하신 듯 우리의 매니저 역할을 자처하셨습니다. 무보수 매니저였음에도 그분만큼 겸손하고 성실한 매니저가 없다 할 정도로 지속적으로, 끝까지 책임을 다해 모든 일을 처리해주셨습니다.

그런 선생님을 보며 베데스다 멤버 네 사람은 고마움을 넘어 이상해하기도 했습니다. 그렇게까지 자신을 희생해가며 우리를 도와야 할 하등의 이유가 없는데 왜 김 선생님이 그토록 헌신적으로 우리를 도우시는지 알 길이 없었으니까요. 하나님의 사랑을 가슴에 새긴 사람들이 얼마나 기쁘게 자신을 헌신할 수 있는지, 얼마나 겸손하게 자신을 희생할 수 있는지를 우리는 그때까지도 잘 모르고 있었던 것입니다.

그러고 보면 하나님께서 은혜를 주실 때는 그 타이밍까지도 정확하게 조절하신다는 걸 알게 됩니다. 만남의 기적을 주시되, 그 시기까지도 가장 정확하게 인도하시는 분, 그분이 하나님이심을 김 선생님과의 만남을 통해 알게 되었습니다. 그분과의 만남을 통해 우리는 고등학교 검정고시를 막 마친 시점에 그다음 길까지 안내받을 수 있었기 때문입니다. 만약 그때 그 시절, 김 선생님을 알지 못했더라면 우린 어디로 어떻게 흘러갔을지 모를 일입니다. 그만큼 김 선생님은 그 중요한 시기에 우리 베데스다 4중주단을 중요한 곳으로 이끄는 결정적인 역할을 해주셨습니다.

하나님의 타이밍

바이올린을 시작한 것도 그렇지만 유학을 가게 된 일 역시 우리가 계획하거나 꿈꿔본 적도 없는 일이었습니다. 우리 같은 사람에게 유학이라니, 그건 정말 불가능한 일이라 여겼습니다. 지금은 해외 유학이 많이 보편화되었지만, 그 당시만 해도 해외로 유학을 떠나는 사람들은 매우 드물었습니다. 돈이 아주 많거나, 아니면 뛰어난 수재거나 하지 않으면 꿈꿔볼 수 없는 일이 해외 유학이었으니까요.

그러한 때에 우리는 김태경 선생님을 만났고, 지금은 고인이 되신 서울대학교의 신동옥 교수님으로부터 관심을 받게 되었습니다. 아마도 우리 베데스다 4중주단이 내는 앙상블을 귀하게 보신 게 아닌가 싶습니다. 평소 애정 어린 시선으로 우리를 보시던 신 교수님은 어느 날 우리 앞에서 김태경 선생님께 이런 말씀을 하셨습니다.

"우리, 이 친구들을 유학 보내는 게 어떨까? 유학을 한 번 보내보자."

그 말씀을 들은 우리 모두는 하나같이 황당해서 말을 잇지 못했습니다. 그때까지만 해도 우린 고등학교 과정의 검정고시조차 패스하지 못한 상태여서, 유학은커녕 대학교 근처에 갈 엄두도 못 내고 있었기 때문입니다. 서로를 쳐다보며 피식피식 웃음이 날 수밖에 없었습니다.

그러나 우리의 생각과 달리 유학의 길은 현실적으로 차곡차곡 이루어져갔습니다. 신동옥 교수님께서는 미국 오하이오 주 신시내티에서 공부를 하셨는데, 그곳에는 '라살La Salle'이라는 유명한 현악 4중주단이 있다고 하셨습니다. 그 4중주단은 모두 신시내티 음대 교수로 적을 두면서, 고전음악뿐 아니라 현대음악에 대한 뛰어난 곡 해석력과 연주로 세계적인 명성을 얻고 있는 분들이었습니다. 신동옥 교수님은 그 4중주단에 우리를 소개해서 배움의 길을 열어주려고 하셨던 것입니다.

교수님의 그와 같은 생각과 의도를 알게 된 김태경 선생님은 이를 위해 필요한 모든 일을 발 빠르게 준비해나갔습니다. 베데스다 4중주단의 연주를 녹음해서 데모 테이프를 만들어 보내고, 사람들을 만나며, 우리를 소개하는 영문 편지를 써서 보내는 일까지, 우리보다 더 우리의 유학을 간절히 바라면서 그 모든 일을 진행해나갔습니다. 그런 김 선생님을 지켜보는 우리들은 고맙고 황송하면서도 '설마, 그게 될까?' 싶었습니다.

그런데 이게 웬일입니까? 녹음 상태도 별로 안 좋은 우리의 연주 테이프와 소개 편지를 받은 신시내티 음대 측으로부터 입학을 허락한다는 초청장이 날아온 것이었습니다. 그것도 우리 멤버들이 막 고등학교 검정고시 과정을 패스한 그 시점에 말입니다.

놀라운 일은 그 후에도 계속 이어졌습니다.

학비는 학교 측에서 면제해준다지만, 미국에서 생활하려면 생활비도 필요했습니다. 이 사실을 익히 알고 계신 신동옥 교수님은 친한 친구이신 아산재단의 장정자 이사님을 찾아가 장학금 명목으로 베데스다 멤버의 생활비를 대주도록 주선해주셨습니다. 당시 아산재단 장학 사업에는 유학생을 지원하다는 규정이 없었는데 예외 적용을 하면서까지 우리를 지원하기로 결정이 내려졌습니다. 학비는 물론 생활비까지 모든 게 완벽하게 해결이 되었던 것입니다. 그때의 그 지원이 얼마나 큰 하나님의 은혜였는지, 몇 년 전, 아산재단의 직원 한 분을 만나 얘기를 들으면서 확인할 수 있었습니다.

"그때 당시 금액도 금액이지만 그렇게 지속적으로 지원하는 일은 매우 드문 경우였어요. 그만큼 아산재단에서 베데스다를 아끼고 있었다는 뜻이었지요."

당시 장학금을 송금했던 아산재단 직원은 우리에 대한 재단의 사랑을 그렇게 털어놓았습니다. 감사한 일이 아닐 수 없었지요. 또한 그와 같은 지속적인 지원이 가능하도록 유학 기간 중에도 중간에서 모든 처우를 도맡아 해준 김태경 선생님에 대한 고마움도 새삼 밀려왔습니다. 사람을 돕되 어디까지 도울 수 있는지를 보여주신 분, 그분이 김태경 선생님이었으니까요.

이분은 한국에서 우리를 돕다가 우리의 유학 시점에 군복무를 다 마쳤다는 이유로 자신도 유학길에 오르셨습니다. 본인도 공부를 더 해야 한다고 하면서 말입니다. 하지만 막상 미국에 도착해 보니 언어도 안 통하고 발도 묶여 있는 베데스다 네 명을 누군가 도와야 한다는 사실과 맞닥뜨렸던 것 같습니다. 선생님은 그곳에서도 2년 동안 자신의 공부는 미루신 채 우리 네 명을 헌신적으로 뒷바라지해주셨습니다. 우리를 위해 손수 밥 짓는 일에서부터 한국에서 장학금이 올 때마다 감사편지를 쓰는 일, 대외적으로 사람을 만날 때 소통하는 일까지 선생님은 마치 자식을 위해 발벗고 나선 아버지처럼 그렇게 우리를 돕고 계셨습니다.

그런 선생님을 붙들고 있는 우리도 염치가 없어 어떤 날은 등을 떠밀기도 했습니다.

"선생님, 이제 그만 떠나세요. 이젠 저희도 알아서 할 수 있어요."

그때마다 선생님의 대답은 한결같았습니다.

"너희가 자리 잡는 거 보고 떠난다."

그렇게 말씀하시기를 무려 2년. 선생님은 우리의 유학 후 2년의 시간이 지난 후에야 우리 곁을 안심하고 떠나셨습니다. 그리고 한국으로 돌아가 결혼식까지 올리셨습니다.

그런데 그 얼마 후 선생님은 가족과 함께 당신의 진로를 대폭 수정하신 채로 미국으로 다시 오셨습니다. 신학 공부를 해서 목회자가 되겠다는 게 미국으로 오신 이유였습니다.

"왜 그런 결정을 하셨어요?"

궁금해하는 우리들을 향해 선생님은 이렇게 말씀하셨습니다.

"나는 베데스다를 보고 하나님의 은혜를 깨달았어. 그게 내가 목회를 하려는 이유야."

지금은 샌디에고 근처 샌마르코스San Marcos에서 미국인 교회 담임목사로 목회를 하고 계시는 김태경 목사님. 그분은 우리들을 보며 어떤 하나님의 은혜를 깨달으셨던 걸까요? 내가 시간이 더 흐른 후에야 깨닫게 된, 인생을 향하신 하나님의 다함없는 사랑을 그분은 그때 이미 깨닫고 계셨던 걸까요?

우리를 돌보시다 목회자의 길로 들어설 것을 결심하셨다는 김태경 선생님의 그 온유한 표정을 보며 나는 시편 23편에 소개된 선한 목자 예수님의 얼굴이 바로 이런 얼굴이지 않을까 상상하곤 했습니다.

동행의 신비를 보여준 한 사람

유학을 떠나기 전, 나는 아리따운 아가씨와 교제 중에 있었습니다. 내게 있어 모든 만남이 그러했듯, 그녀와의 만남도 내가 전혀 생각지 못할 때 뜻하지 않은 모습으로 찾아와 내 인생을 두드리고 있었습니다.

조성은 양을 처음 보게 된 건 대전 용두동에서 합숙하며 바이올린을 켜던 무렵이었습니다. 고영일 선생님께 개인 레슨을 받으러 오는 여학생 중 유독 풋풋하고 착했던 여고생이 바로 조성은 양이었습니다. 대전 유지의 딸로서 비올라를 켜던 그녀는 성실하면서도 예뻐서 모든 사람들이 호감을 갖던 소녀였습니다.

그런 그녀는 타고난 착한 성격으로 우리들에게 누이동생과 같은 역할을 자처했던 게 아닌가 싶습니다. 우리와 허물없이 지내며 우리 모두를 오빠처럼 따랐고, 때론 심부름까지 해주곤 했으니까요. 당시 연탄광에서 하루 종일 연습하던 내 모습도 그녀는 자주 보고 있었을 것입니다.

'부잣집 장녀로 자란 아이가 참 착하고 성실하다.'

그녀에 대한 내 느낌은 그것이 전부였습니다. 이성에 대한 동경과 관심이 한참 뜨겁게 타오를 나이였지만, 아마도 나는 사랑이니, 연애니 하는 게 내 인생에 어울리지 않는다고 은연중 생각했던 듯합니다. 바이올린을 바라보며 바이올린을 켜는 일 외에는 내 마음의 빗장을 열어 누군가를 간절하게 바라본 일이 단 한 번도 없었습니다. 조성은 양뿐 아니라 어느 누구에게도 남자로 다가갈 엄두를 내지 못했던 시절이었지요.

그렇게 나는 스물세 살이 되어갔고, 그녀는 어느덧 스무 살이 되었습니다. 그리고 그녀는 경희대학교 음대에 합격해서 서울로 훌쩍 떠나갔습니다.

"축하한다. 거기서 대학생활 잘해라."

그녀를 보내는 내 마음에 일종의 부러움과 축복의 마음은 있었지만 슬픔이 깃들지는 않았습니다. 좋은 후배가 대학에 잘 들어갔으니 잘 된 일이라고만 여길 뿐이었습니다. 그 뒤 나는 늘 하던 대로 새벽부터 밤까지 연탄광에서 바이올린을 켜며 지냈습니다. 그녀가 나라는 사람을 마음에 품고 풋사랑의 감정을 안은 채 떠난 줄은 꿈에도 모른 채 말입니다.

그런데 얼마 뒤, 베데스다의 행보에 갑작스런 변화들이 찾아왔습니다. 베데스다가 해체되면서 용두동 집을 떠나게 되었다가 얼마 지나지 않아 정립회관 측의 후원으로 다시 재결성되어 서울로 올라가게 된 것입니다.

그녀와 내가 가까워진 건 그때부터였습니다. 베데스다 소식을 들은 그녀는 종종 정립회관으로 찾아와 악보를 사는 일이라든가 연주회 일정의 뒤치다꺼리들을 맡아서 도와줬고, 그 덕분에 우린 매우 자연스럽게 친해졌습니다. 그러면서도 '참 착하고 예쁜 후배다'라는 마음만 가졌을 뿐, 남자와 여자로 만날 생각은 전혀 하지 못했습니다. 나에 대한 아내의 변함없는 마음에 대해서도 전혀 눈치 채지 못하고 있었지요.

그렇게 눈치 없는 내가 답답했던지 어느 날은 아내의 친구가 노골적으로 말을 했습니다.

"저기요. 성은이가 인홍 오빠를 마음에 두고 있는 거 아세요?"

"네? 아니, 성은이가 왜 나를……."

그녀의 마음에 대한 친구의 이야기에 처음엔 무척 당황이 되었습니다. 부유한 집안에 미모와 지성까지 갖춘 그녀가 왜 나를 바라보는지 알 수 없었기 때문입니다. 그러면서도 기분이 묘하게 좋아졌던 건 무슨 조화였을까요?

그때부터 나는 그녀를 여자로 바라보기 시작한 것 같습니다. 내가 알고 있는 그녀라면 결코 장난치듯 누군가를 좋아할 사람이 아니었기에 그 진심 어린 마음이 내 마음을 두드렸다고 해야 할까요? 나를 향한 그 마음이 참 고맙고 사랑스러웠습니다.

용기를 내어 데이트를 시작했습니다. 데이트라고 해봐야 우리가 사는 곳에 그녀가 와서 함께 밥을 먹고 이야기를 나누는 것이 전부였지만, 그녀는 그런 시간을 보낼 때마다 세상에서 가장 멋진 남자와 가장 멋진 시간을 보내는 듯 맑고 행복한 웃음을 지어 보였습니다.

지고지순! 이 말이 그녀만큼 잘 어울릴 수 있는 사람이 또 있을까 싶습니다. 한 번 마음을 주면 당연히 끝까지 줘야 한다고 생각해서 다른 데 눈 돌리는 법이 결코 없는 그런 사람이었으니까요. 그래서 그녀는 고등학교 때 나를 좋아한 뒤로는 미팅 한번 해보지 않았습니다. 사랑하는 남자가 지금 저 산 아래에서 하루 종일 바이올린을 켜고 있는데 자신이 어떻게 미팅을 다닐 수 있겠냐는 게 그녀의 생각이었습니다.

그렇게 순수했기에 그녀는 나중에까지 내게 당당할 수 있었나 봅니다. 훗날 부부가 된 뒤 그녀는 내게 이렇게 말한 적이 있었습니다.

"그때 나 좋다고 따라다녔던 일류대학생들이 여럿 있었지만 난 눈길 한번 주지 않았어요. 딱 한 번만 만나달라고 그렇게 쫓아다녔지만 난 마주앉아 차 한 잔 마시지 않았다고요. 당연히 그 래야 한다고 생각했어요. 사랑하는데 어떻게 두 마음을 품겠어 요?"

오랜 결혼생활로 서로에게 소홀해질 때쯤, 아내는 그때의 그 순전했던 사랑을 떠올리게 했습니다. 나에게 전부를 걸었던 그 사랑, 나의 전부를 있는 그대로 사랑했던 그 사랑, 함께 가되 끝 까지 함께 가기 위해 자신의 전부를 버렸던 그 사랑을 아내는 말 하고 있었습니다.

어쩌면 그런 아내의 사랑을 통해서도 하나님께선 내게 알려주 고 계셨는지 모르겠습니다. 사랑이란 그런 것임을, 나를 향한 주 님의 사랑도 그렇게 순전하고 변함없는 것임을, 아내가 내게 그 러했듯 하나님께서도 내게 사랑에 눈이 멀어 끝까지 나와 함께 하시며 나를 인도하고 계셨다는 것을. 이 부족한 나를, 이렇게 아무것도 아닌 나를…….

그러나 하나님은 자비로우시고 우리를 너무나 사랑하셔서,
그냥 내버려 두지 않으셨습니다.
하나님의 뜻을 따르지 않아 영적으로 죽은 우리들에게,
그리스도를 통하여 새 생명을 주신 것입니다.
여러분은 하나님의 은혜로 구원을 받았습니다.

에베소서 2장 4~5절

때론 사랑이 아플지라도

당시 그녀와의 데이트는 아주 서툴거나 엉망이 되거나 할 때가 많았습니다. 두 사람 모두 연애란 걸 처음 해봤기 때문일까요? 우리의 데이트에는 달콤함이나 낭만이라곤 거의 없었던 것 같습니다.

한 번은 이런 일도 있었습니다. 그날도 우리는 참 오랜만에 단둘이 만난 터였습니다. 모처럼 데이트답게 데이트를 해보려고 택시를 잡았습니다. 나는 세워진 택시의 뒷문을 열어 앞에 계신 기사 아저씨를 쳐다보았습니다. 도와달라는 신호였지요. 그러나 그와 동시에 기사 아저씨는 나를 외면한 채 저 앞쪽에서 택시를 기다리는 손님을 향해 쌩, 하고 달아나버렸습니다. 만약 내가 택시 문을 잡고 있었더라면 그대로 택시에 매달리게 되었을지도 모르는데, 아저씨는 장애인인 나를 태우기 귀찮다는 듯 그대로 질주했던 것입니다.

다행히도 그녀와 나는 택시 문에서 손을 떼고 있었지만, 그날따라 모멸감을 참을 수 없었습니다. 그동안 택시를 탈 때마다 받았던 여러 가지 상처들도 떠올랐습니다. 이번엔 목숨까지 위태로울 뻔했다는 생각을 하자 참을 수 없는 분노감도 올라왔습니다.

"택시!"

나는 곧바로 뒤에 오고 있던 택시를 불러 세웠습니다. 그녀에게도 그 차에 빨리 타라고 하고는 나도 서둘러 택시에 올랐습니다. 그러고는 앞 택시를 쫓아가도록 요청했습니다. 결국 앞 차를 잡지는 못했지만 택시 넘버를 알게 된 우리는 시청에 가서 고발 조치를 취하는 것으로 사건을 일단락 지었습니다.

그러나 그렇게 시간을 보내고 보니 날은 이미 어둑해지고, 그녀가 집에 돌아갈 시간도 다 되어 있었습니다. 그러니 어쩌겠습니까? 그녀에게 잘 가라는 인사를 하고 뒤돌아서 올 수밖에요.

그 뒤로도 우리의 만남 속엔 그런 데이트가 종종 있었습니다. 세련되거나 달콤한 데이트라고는 찾아볼 수 없는, 때론 함께 상처받고, 때론 함께 막막해하는…….

그런데도 그녀는 내 곁을 떠나지 않았습니다. 함께 있는 시간이 어설프면 어설픈 채로, 민망하면 민망한 채로 아내는 나와 함께하는 모든 시간들을 견뎌주었습니다. 그런 우리의 모습 속에서 어른들은 사랑의 어떤 견고함을 보셨던 걸까요? 1982년도 9월에 갑작스럽게 유학이 결정되자 평소 우리를 자식처럼 사랑하시며 돌봐주셨던 정립회관의 관장님과 이사님이 우리 두 사람을 부르셨습니다. 부부로 살면서 소아마비협회 관장과 이사를 맡고 계신 두 분은 진지한 표정으로 물으셨습니다.

"떠날 날이 다가오는데 너희 둘 관계는 어떻게 할 거니?"

이사님이 내게 던지신 질문은 그 즈음 나를 슬픔으로 몰아넣던 질문이었습니다. 아내를 데리고 떠날 수도 없고, 그렇다고 유학을 안 떠날 수도 없기에 우리의 이별은 기약조차 할 수 없는 이별이었으니까요. 그녀의 집안에서 나와의 교제를 심하게 반대할 걸 뻔히 아는 터라 유학 전에 '언약식'을 하자고 남자답게 말할 수도 없었습니다. 이사님의 물음에 무책임한 답변밖에는 달리 다른 말을 찾지 못했습니다.

"저도 모르겠어요."

고개를 떨구는 나와 눈물이 맺힌 아내. 그 모습을 물끄러미 보시던 이사님은 한참만에 제안을 해오셨습니다.

"그러지 말고 너희들, 이참에 약혼식을 올리는 게 어떻겠냐? 우리가 준비를 해주마."

지금 생각해도, 내 인생에 있어 한 번밖에 없는 약혼식까지도 어떻게 하나같이 주변 분들의 의지와 도움으로 이루어졌는지 신기할 따름입니다. 속절없이 흘러가는 시간 속에서도 바위처럼 행동할 생각을 못하는 한 남자와, 바위처럼 결코 마음이 변할 리 없는 한 여자를 보며 이사님은 언약식을 대신 추진해주어야만 하겠다고 생각하셨던 것 같기도 합니다.

때는 바야흐로 유학을 떠나기 하루 전날이었습니다. 무일푼인 나를 위해 정립회관 측에서 모든 약혼식 비용을 대어 성대한 언약식을 치러주었습니다. 우리 측 가족과 친구들 200여 명이 모여 함께 가는 그 길을 축하해주었고, 아내 쪽에선 해군사관학교에 다니던 처남 한 사람만이 비밀리에 그 자리에 참석해 눈물의 축하를 해주었습니다.

그런 약혼식을 치르고 다음 날 아침 출국을 해야 했으니 출국장이 눈물바다가 된 건 당연한 일이었습니다. 아내도 울고, 그런 아내를 보며 나도 울었습니다. 갑작스레 결정된 유학과 약혼식은 내 인생을 밝혀주는 축복임이 분명한데, 그래서 감사와 기쁨으로 이 모든 일을 받은 것도 분명한데, 한편으로는 서글픔 또한 맺혀 있었던 듯합니다. 특히 처가 쪽 식구들 몰래 치른 약혼식과 혼자 남겨질 아내의 처지, 달랑 160달러를 들고 낯선 미국 땅으로 건너가는 내 모습을 생각하니 눈물이 멈추질 않았습니다.

아무 말도 못하고 조용히 울고 있는 아내를 보니 마음이 더 애처로웠습니다. 그러면서도 그저 아내의 어깨를 한번 두드려줄 뿐, 어떤 말도 남기지 못한 채 미국행 비행기에 몸을 실었습니다.

비행기에 오르자 마음은 애잔함을 넘어 고통으로 몸부림쳤습니다. 유학이 결정되었다며 환호성을 질렀던 순간들과 아내의 마음을 처음 알게 된 날의 기쁨, 그 고운 손을 잡고 처음으로 입을 맞추던 날의 설렘도 떠올랐습니다. 하나님은 내게 그와 같은 순간들을 허락하셨고, 이제 내게 새 길을 가라 열어주셨건만 막상 그 길의 초입에 들어선 내 마음은 극심한 고통을 가눌 길이 없었습니다.

'내가 지금 무얼 위해 떠나는 거지?'

언어도 다르고 문화도 다른 땅, 그래서 도착하는 날부터 한동안 엄청난 내적 부딪침을 감수해야만 할 땅, 많은 인재들이 모여 성공을 향해 경쟁하며 달려가게 될 땅, 입학은 허락받았지만 졸업과 그 후의 진로에 대해선 아무도 알려주지 않은 그 땅, 나는 왜 그곳으로 가고 있는지를 점검해야 했습니다. 그것도 어제 약혼한 아내의 눈물을 뒤로하면서까지 꼭 그곳에 가야만 하는 이유를 헤아려보았습니다.

하지만 내게 돌아온 정답은 없었습니다. 그저 나를 인도하시는 그분께서 이 길을 열어놓으셨다는 것, 그리고 그분이 내 뒤에서 휠체어를 밀어주고 계시다는 것, 그것만이 확실할 뿐이었습니다.

'그래, 이럴 때는 가야만 한다. 그리고 견디면 된다.'

나는 비행기 안에서 그렇게 생각하고 있었습니다.

'그래, 시간이 지나고 이순간을 이겨내면 오늘 내가 떠나야 했던 이유도, 의미도 더 정확히 알게 되겠지. 더 좋은 날이 반드시 오겠지.'

그 순간 나는 정말 시간이 흐르기만을 기다리는 사람이었습니다. 시간이 빨리 흘러 나이가 들면 이 고통의 의미도, 눈물을 머금고 새 땅을 향해 나아가는 이유도 알게 될 거라 믿었습니다. 이 모든 괴로움도, 두려움도 다 진정되어 있을 나의 중년, 나의 노년이 빨리 오기를 그때만큼 간절히 바랐던 적이 없었습니다.

더 사랑하는 자에게 더 큰 용기가 생긴다

미국에 도착한 후 나는 단 1달러라도 아껴야 했습니다. 아산
재단으로부터 장학금을 꼬박꼬박 받긴 했지만, 달리 아르바이트
를 할 수 없던 터라 정해진 액수 내에서만 지내야 했기 때문입니
다. 아내에게 전화를 한다는 것도 엄두를 내지 못했습니다. 엄청
나게 비쌌던 국제 요금을 감당할 길이 없었으니까요. 그렇다고
지금처럼 이메일이라는 연락 수단이 있던 것도 아니었습니다.

그래서 나의 유학 생활 초기는 마치 군 생활 같았습니다. 긴장
의 연속인 하루 일과를 보내다가 아내로부터 오는 봉함엽서를
받을 때만큼 안면 가득 미소가 번지는 일은 없었기 때문입니다.

그러기를 무려 2년. 약혼자의 얼굴 한 번 못 본 채 세월은 흘
렀습니다. 그러다 하루는 일본에서 베데스다 4중주단을 초청해
준 덕분에 일본에 갔다가 한국에 잠깐 들르게 된 일이 있었습니
다. 마침 방학 중이라 나는 이참에 용기를 내보았습니다. 처갓집
에 인사를 드려서 정식 결혼식을 올리고 아내를 미국으로 데리
고 가야겠다고 마음먹은 것입니다. 이미 처갓집에서도 처남이
찍었던 우리의 약혼식 사진이 발각되면서, 우리 사이를 알고 있
던 터였습니다.

하지만 장인, 장모님의 노여움과 반대는 우리의 생각 이상으
로 크셨습니다. 아내를 데리고 가려는 나의 전의가 다 무너질 만

큼 처갓집의 반대가 맹렬해서 두 분을 찾아뵙고 인사드리는 일
조차 허락되지 않았습니다. 어찌 보면 당연한 일이었습니다. 그
러자 이번엔 내 주변 친구들이 난리법석을 떨었습니다. 누가 먼
저랄 것도 없이 이번에는 꼭 아내를 데리고 미국에 들어가야 한
다며 의견을 모았습니다.

"그게 가능할까?"

아내가 미국으로 간다 해도 비자가 나올지도 의문이었습니다.
그래도 어쨌든 아내가 미국으로 들어갈 수 있는 기반은 마련해
둬야 하므로 하나님께 맡기는 심정으로 신시내티 대학 행정당국
에 전화를 걸었습니다. 내 처지를 말씀드리며 아내의 비자 발급
을 부탁드리기 위함이었지요. 서툰 영어였지만 간곡하게 부탁을
드렸습니다.

하나님께서도 우리의 맺어짐을 원하고 계셨던 걸까요? 놀랍
게도 학교 측에선 나의 처지를 고려, 아내에게 유학생 비자를 발
급해주었습니다. 유학생도 아니고 단지 약혼녀 자격으로 미국에
들어가려는 아내에게 비자 발급이라니, 그 역시 너무나 파격적
인 혜택이었습니다.

그 후, 일은 놀랍게 진행되었습니다. 처갓집의 반대로 일단 나
홀로 미국에 돌아가면서 나는 또 훗날을 기다릴 수밖에 없다고
생각했습니다. 그런데 미국으로 돌아간 지 채 한 달이 지나지 않
은 어느 날 아내가 핸드백 하나 달랑 들고 그곳까지 나를 찾아왔

습니다. 도저히 부모님께 허락받을 수 없어서 아내가 운영하던 피아노학원도 처분하지 않은 채, 몸만 살짝 빠져나온 것이었습니다. 그것도 정립회관 이사님을 찾아가 100만 원을 빌려가면서 말입니다.

아내의 연락을 받고 부랴부랴 공항으로 마중 나간 나는 아내의 그런 행동을 생각하자 어이가 없어 웃음이 나왔습니다. 말 없고 순종적인 아내의 성격으로 봐선 절대로 누구에게 돈을 빌리지도 못할뿐더러, 가출을 할 인물은 더더욱 못 되었기 때문입니다.

한 남자를 향한 아내의 사랑이 얼마나 큰지, 그리고 그 사랑이 얼마만큼 용기를 내게 했는지 아내는 그렇게 보여주고 있었습니다. 그리고 아내의 용기 있는 행동으로 우리는 곧바로 기숙사 원룸에 신혼집을 차렸고, 두 달 뒤인 1984년 12월 15일에 신시내티 한인장로교회의 배려와 섬김으로 성대한 결혼식을 올릴 수 있었습니다.

그 후 아내와 나의 동행은 30년 가까이 계속되고 있습니다. 이 동행의 세월 동안 아내는 내게 사랑이 결코 변하지 않는다는 걸 한결같이 보여줬습니다. 주님께서 내게 그러셨던 것처럼 말입니다.

또한 아내는 중요한 결정의 순간마다 우리 두 사람을 맺어주신 하나님께 심하다 싶을 정도로 간절히 기도하는 모습도 보여쳤습니다. 어쩌면 아내는 인도자가 되시는 하나님께 간절히 기도하는 사람이기에 결정적인 순간에 남다른 용기를 낼 수 있었는지도 모르겠습니다. 그 옛날 핸드백 하나 달랑 들고 미국 공항으로 찾아왔던 그런 용기를 아내는 중요한 순간의 한 지점마다 계속 보여줬던 것입니다.

"여보, 이거예요. 이렇게 가도록 합시다."

신중함이 지나쳐서 때론 결정을 내리지 못하는 내게 아내의 용기 있고 결정적인 한마디는 내 삶을 인도하는 지침이 되곤 했습니다. 아내의 말을 따라갈 때마다 그 길이 바로 그분께서 내게 주고자 하셨던 축복의 길이었음을 확인했던 순간이 얼마나 많았는지…….

그렇게 하나님께선 내가 만난 모든 사람 중 가장 오래된 동행을 하고 있는 아내의 말을 통해 계속적으로 나의 길을 안내하고 계십니다. 지난 30년 간, 아내는 내게 그와 같은 동행의 신비를 지속적으로 보여준 한 사람이 되어주었습니다.

아무런 조건도 따지지 않고 차인홍이라는 한 남자만을 바라보며 살아온 사랑하는 아내는 하나님께서 내게 주신 가장 큰 선물이다.

3악장

사랑은 우리의 길이 된다

나의 유학 생활 보고서

작은 순종, 큰 은혜

　많은 분들의 도움으로 미국 신시내티 음악대학에 들어가게 된 우리가 가장 만나 뵙고 싶었던 분은 라살 4중주단이었습니다. 베데스다 4중주단의 가능성을 알아봐주었고, 앞으로도 베데스다를 가장 잘 다듬어주실 분들이 그분들이라 믿었기 때문이었습니다.

　실제로 우리는 그분들의 수업을 통해 현악기의 '실질적인 기술'을 배울 수 있었습니다. 대전 용두동에서부터 서울 정립회관에 이르기까지 우리는 무려 6년 동안 함께 지내며 4중주단으로

서의 호흡을 맞춘 사람들이었습니다. 그러나 우리가 호흡을 맞춘 것은 순전히 마음과 영혼으로 맞춘 것일 뿐, 기술적인 면에서는 아무것도 모르는 상태였습니다. 이런 곡의 이런 흐름에서는 제1바이올리니스트의 손가락 번호가 이렇게 되어야 하고, 저런 흐름에서는 첼리스트가 활을 다르게 써야 하는 등 4중주단으로서의 실질적인 기술에 대해서는 전혀 모르고 있었습니다.

그래서인지 라살 4중주단의 수업은 경이로움 그 자체였습니다. 아주 미세한 연주기법에서부터 웅장한 기법에 이르기까지 그분들을 통해 하나씩 알아갈 때마다 얼마나 감탄이 되었던지……. 막상 가르침을 받고 보면 '어, 이렇게 간단한 기술만으로도 엄청난 차이가 있구나'라는 생각이 들 만큼, 때로는 그 기술 자체가 사소한 것일 때도 있었지만, 사소한 기술 하나도 누군가 알려주기 전에는 절대로 알 수 없는 것들이었기에 우린 늘 최고의 긴장감을 갖고 배움에 임하곤 했습니다.

특히 우리는 라살 4중주단의 제1바이올리니스트인 천재 연주자 월터 레빈Walter Levin 교수님의 첫 수업에서부터 압도당했습니다. 월터 레빈 교수님은 우리와 마주한 그 첫 시간에 한 곡 전체의 연주 기법에 대해 설명하지 않으셨습니다. 한 악장을 설명한 것도 아니었고, 몇 소절을 설명한 것도 아니었습니다. 교수님은 그 한 시간의 수업을 하는 동안 하이든의 현악 4중주 〈황제〉라는 곡 중 단 한 소절의 연주법에 대해 열강을 하셨습니다. 우리는 단 한 마디의 연주법에 대해 어떻게 한 시간 동안 레슨을 할 수 있는지 감탄할 뿐이었습니다.

소리의 밸런스라든지 활의 위치와 활 쓰는 법, 음정과 앙상블 등등 곡의 한 마디를 갖고도 교수님의 강의 내용은 무궁무진하게 이어졌습니다. 강의 내용의 밀도 역시 한 시간 내내 꽉 차 있어서 듣는 우리들은 충격 그 자체가 아닐 수 없었습니다.

'와, 이렇게도 연주가 가능하구나. 아, 이렇게도 수업이 가능하구나.'

지금 돌아봐도 우리 베데스다 4중주단이 그런 레슨과 수업을 4년 내내 받았다는 건 큰 축복이 아닐 수 없습니다. 연주로 치면 3초에 불과한 한 소절의 악보를 갖고 한 시간 동안의 명강의라니, 역시 천재 음악가라는 소리가 괜히 나오는 게 아님을 확인할 수 있었습니다.

그런 교수님에 대한 존경심과 신뢰가 바탕이 되었을 것입니다. 우리는 교수님이 시키시면 시키시는 그대로를 누구보다 잘 따라하는 사람들이 되어갔습니다. 그리고 그런 우리들의 태도를 확인하게 된 교수님께서 전폭적인 지원과 신뢰를 보내오게 된 사건이 생겨났습니다.

유학 생활 초기였던 걸로 기억합니다. 라살 4중주단 교수님들이 한 달간의 일정으로 독일에 연주회를 떠나게 된 일이 있었습니다. 그때 월터 레빈 교수님은 연주회를 떠나시며 우리에게 숙제를 하나 주셨는데, 그 숙제 내용이 참 기가 막혔습니다. 하이든의 현악 4중주곡 〈황제〉라는 곡의 전 악장을 각 파트별로 다 외워서 악보를 안 보고도 연주할 수 있도록 준비해놓으라는 것이었습니다. 4악장으로 된 30여 분 길이의 그 곡을 말입니다.

숙제를 받아든 우리들은 서로의 얼굴을 쳐다보며 쓴웃음을 지었습니다. 솔로곡도 아닌 현악 4중주곡을 한 달 만에 각 파트별로 외워서 연주한다는 것은 보통 일이 아니었기 때문입니다. 왜 그걸 외워야 하는지, 그게 가능한 일인지조차 가늠할 수 없었습니다. 솔리스트면 모를까, 현악 4중주단이 악보를 외워서 연주한다는 것도 너무나 드문 일이었습니다.

그러나 우리 중 누구도 "그걸 왜 해야 돼? 우리 그냥 포기하자"라고 말하는 사람이 없었습니다. 그게 힘들다고 포기할 사람들이라면 아마 거기까지 가지도 못했을 것입니다. 우리는 대전 용두동에서 합숙하던 시절부터 우리를 지도하시는 분에 대해 철저히 인정했던 사람들이었습니다. 그것이 우리 걸음을 인도하시는 하나님에 대한 순종의 길임을, 그와 같은 순종의 태도가 우리를 위해서도 가장 좋은 모습임을 우린 경험적으로 알고 있었는지도 모르겠습니다. 모두들 교수님이 내주신 과제를 수행하기 위해 한 달 내내 잠도 줄여가며 애를 썼습니다. 당연히 해야 할 일이라 여기며, 어느 때보다 더욱 음악에 집중하는 시간을 보냈습니다.

드디어 한 달 후, 독일에 연주회를 가셨던 교수님들이 돌아오셨습니다. 그러고는 수업을 시작하자마자 숙제 검사부터 하시는 것이었습니다. 월터 레빈 교수님께서 직접 악보를 다 치우시고는 우리에게 연주를 하라 하셨습니다.

연주가 시작된 지 30여 분. 숨소리조차 들리지 않을 듯한 긴장감으로 모든 연주를 끝내고 나자 갑자기 박수 소리가 들려왔습니다. 월터 레빈 교수님의 박수 소리였습니다. 기뻐하는 표정을 감추지 못하시던 교수님은 '어떻게 너희들이 그걸 다 해냈냐?'는 눈빛으로 우리를 바라보시며 감격에 겨워 하셨습니다. 아마도 음악에 대한 우리들의 열심을 테스트해보고 싶으셨던 게 아닌가 싶은데, 그 테스트에 순종으로 응한 것이 교수님의 마음을 감동시켰나 봅니다. 교수님은 당장 녹음 기사를 불러 우리의 연주를 녹음까지 하도록 하셨습니다.

그리고 며칠 뒤, 교수님은 우리에게 '아스펜 음악제 참여'라는 선물을 안겨주셨습니다.

"네? 아스펜 음악제요?"

콜로라도 주 아스펜에서 여름마다 열리는 세계적인 국제 음악 캠프인 이 음악제는 아무나 참여할 수 있는 음악제가 아니었습니다. 교수님께서 우리의 녹음된 연주 테이프를 관계자들에게 보내신 후 여러 모로 손을 쓰셨기에 가능한 일이었음을 우린 말하지 않아도 알 수 있었습니다.

게다가 9주 동안 그 음악제에 참여하려면 만만치 않은 학비

(참가비)와 생활비도 있어야 했습니다. 유태인이셨던 교수님은 거기까지도 헤아리시어 여러 커넥션을 통해 학비 지원을 받아내셨고, 음악제가 열리는 타운에 위치한 병원과도 연계해서, 병원에서 몇 차례 연주를 해주는 대가로 생활비도 지원받도록 해주셨습니다.

그 덕분에 우리는 아무런 걱정 없이 국제 음악캠프인 아스펜 음악제에 9주 동안이나 참여해서 폭넓은 음악적 견문과 경험을 쌓을 수 있었습니다. 교수님이 내주신 과제에 충실하게 응답한 것밖에 없는 우리들에게 교수님은 너무나 큰 선물로 답해주셨던 시간이었습니다.

네 마음을 다하여 여호와를 신뢰하고,
절대로 네 슬기를 의지하지 마라.
너는 네 모든 길에서 그분을 인정하여라.
그러면 그분이 너의 길을 형통하게 만들어 주실 것이다.

잠언 3장 5~6절

악보 안 보는 지휘자

월터 레빈 교수님으로부터 악보 전체를 외우라는 과제물을 받았을 때만 해도, 악보를 외우는 일이 내 음악 인생에 왜 필요한지를 잘 몰랐습니다. 아니, 그게 지속적으로 이어질 거라고는 꿈에도 생각지 못했습니다.

그런데 먼 훗날, 지휘자로서 활동하게 되었을 때 나는 종종 누가 시킨 것도 아닌데 악보 전체를 외워서 지휘하곤 했습니다. 악보를 외워서 지휘하면 그렇지 않을 때보다 훨씬 더 자유로움을 경험했기 때문이었습니다. 이 자유로움을 내게 알려주시기 위해 하나님께선 신시내티 시절부터 내게 악보를 외워 연주하는 특별한 수업을 받게 하셨는지도 모르겠습니다.

나이 사십이 넘어 지휘자로 활동하기 시작하면서 적잖이 힘든 시간을 보내야 했습니다. 지휘자로서 열정을 다해 지휘하다 보면 나도 모르는 사이에 다리가 뻐근해져오는 걸 느끼곤 했으니까요. 농구, 탁구, 수영 등 과격하게 몸을 움직이는 운동을 할 때도 느껴보지 못했던 다리 통증이 유독 지휘할 때만 찾아오는 이유가 무엇이었을까요?

문제는 지휘하는 그 시간 동안 나도 모르는 사이에 다리에 힘을 주고 있었다는 데에 있었습니다. 지휘란 단순히 손으로 하는 게 아니라 온몸으로 하는 것임을 그때 알았습니다. 즉, 지휘를 하다 보면 지휘자의 손만이 아니라 온몸의 모든 마디마디가 음악과 함께, 박자와 함께 맹렬하고도 절제력 있게 움직이곤 했습니다. 그 때문에 지휘를 하는 동안 움직이지 못하는 두 다리에도 엄청난 힘을 주기 마련입니다. 음악에 좀 더 몰입하고 싶은 지휘자로서의 열망이 크면 클수록 자유롭게 움직이지 못하는 두 다리에 대한 압박감도 커져갈 수밖에 없었던 것입니다.

나의 뒷모습을 바라보는 청중들의 시선을 헤아리는 일도 처음엔 무척 신경이 쓰이는 부분이었습니다. 오케스트라의 전체적인 비주얼을 생각하지 않을 수 없는 사람이 지휘자였기 때문입니다. 그래도 미국 사회는 나 같은 장애인을 바라볼 때 신체가 불편한 만큼 필요한 도움을 줘야 할 사람으로 바라볼 뿐, 그 외에는 일반인과 똑같은 시선으로 바라보려는 사고가 강합니다. 결코 장애인을 불쌍한 사람 취급하며 자신보다 하찮게 여기지 않는다는 것입니다. 아니, 어쩌면 핸디캡을 극복하는 장애인을 바라볼 때는 성공한 일반인을 바라볼 때보다 더욱 큰 존경과 감탄으로 바라보기도 합니다. 그런 균형 잡힌 시선들이 있어 나도 여러 핸디캡을 극복하고 지휘자로서의 길을 갈 수 있었던 것 같습니다.

그럼에도 불구하고 지휘는 내가 했던 다른 어떤 분야의 일보다 신체적 핸디캡에 대한 압박을 강하게 느끼도록 하는 분야였습니다. 곡 전체를 완벽하게 이해해야 하고, 동시에 여러 단원들이 내는 소리를 다 들을 수 있어야 하며, 내 온몸의 사인을 통해 곡의 흐름을 이어가도록 해야 하는 만큼, 지휘하는 순간에 한꺼번에 발동시켜야 하는 감각과 동작들이 너무나 많았기 때문이었습니다.

그래서 생각한 게 악보를 통째로 외우는 일이었습니다. 악보를 외우고 지휘를 하면 나의 눈과 손뿐 아니라 많은 감각들이 지휘 자체에 더 몰입할 수 있기에 그렇습니다.

"악보 전체를 외우는 게 더 어려운 일이 아닌가요?"

어떤 이들은 이렇게 물을 수도 있습니다. 물론 악보를 외운다는 게 쉬운 일은 아닙니다. 교향곡은 그나마 괜찮지만 솔리스트가 따로 있는 협주곡을 외우는 일은 웬만한 지휘자들도 다 피할 정도로 어려운 일입니다. 그래도 나는 교향곡이든 협주곡이든 악보를 외워서 지휘하려고 노력합니다. 외워서 지휘할 때의 자유로움을 한번 경험하고 나니 계속해서 그 자유를 놓치고 싶지 않기 때문이지요.

2012년 4월에 소리얼 필하모닉 오케스트라 정기연주회의 객원지휘자로 초청받아 한국에 잠시 왔을 때도, 나는 전곡 외우기를 감행했습니다. 모차르트의 〈피가로의 결혼 서곡Mozart Marriage of Figaro Overture〉과 멘델스존의 〈바이올린 협주곡Mendelssohn Violin Concerto in E Minor, Op. 64〉, 〈베토벤교향곡 제7번Beethoven Symphony No. 7 in A Major, Op. 92〉이 세 곡을 다 외우기 위해 시카고에서 한국으로 오는 비행기 안에서까지 얼마나 악보를 들여다보았는지 모릅니다.

외우는 길은 단 하나입니다. 고도의 집중력이지요. 그때도 이 집중력을 다해서 한국으로 오는 열세 시간 동안 화장실 한번 안 가고 그 자리에서 뚫어져라 악보를 들여다보았습니다. 불 한번 끄지 않고 악보를 외우는 내 모습이 염려스러웠는지 스튜어디스가 와서 "선생님, 조금 쉬셨다 하시면 안 되세요?"라고 말릴 정도였습니다.

내가 악보를 외우는 방법은 비교적 널리 알려진 '사진 암기법'입니다. 악보 전체를 보면서 눈으로 사진을 찍는 것인데, 악보가 만약 100장이라면 1장부터 100장까지 차례대로 머릿속에 입력하는 것입니다. 이렇게 입력이 되면 눈을 감고 첫째 악보 스코어를 열면 그 모든 것들이 머릿속에 펼쳐집니다. 각 파트별 악기의 악보며 전체적인 흐름까지 말입니다.

물론 그 악보의 선명도가 어느 정도인지는 사람마다 다릅니다. 천재 지휘자들은 아주 선명한 악보를 보겠지만, 나는 약간 흐린 사진 정도의 선명도로 악보를 보곤 합니다. 하지만 흐린 선명도로 입력된다는 게 대충 외운다는 뜻은 아닙니다. 비록 흐리긴 해도 처음부터 끝까지 모든 악보를 완벽하게 외우지 않으면 지휘하는 내내 스스로 불안해서 견딜 수가 없으니까요. 그렇기 때문에 내가 불안하지 않기 위해서라도 악보 전체를 내 눈으로 정확하게 찍어서 입력해야만 한다는 것이지요.

무엇보다 지휘자는 음악에 대한 정보를 단원들에게 미리 사인으로 알려주는 사람이기에 악보를 대충 외워서 지휘한다는 건 있을 수가 없는 일입니다. 대충 외워놓고 악보도 없이 지휘한다면 다른 사람은 몰라도 단원들은 단박에 알게 되어 있으니까요.

그래서 나는 지휘에 앞서 늘 기도하지 않을 수 없습니다. 외웠던 악보들이 지휘를 하는 동안 하나도 빠짐없이 선명하게 펼쳐지기를, 나의 손끝이 악보의 선율을 따라 정확하게 가리키기를……

나를 위해 싸움도 불사했던 사람들

신시내티 음대 재학 시절은 좋은 은사님들과의 만남을 통해 하나님의 사랑을 맛보았던 시간이었습니다. 앞서 소개한 옌스 엘러만 교수님도 그렇고, 라살 4중주단의 교수님들도 그렇습니다.

나는 이런 분들의 수업을 들으면서 현악 4중주단으로서, 또한 바이올린 솔리스트로서의 공부를 동시에 해나갔습니다. 공부가 힘들 때도 있었지만, 학이시습지 불역열호學而時習之 不亦說乎라는 말처럼, 배우고 익히니 또한 즐거움이 더했습니다. 음악 공부를 계속하고 싶은 마음이 자연스럽게 들었고, 그에 따라 나는 신시내티 음대를 졸업한 후 곧바로 뉴욕 브루클린대학교 대학원에 지원, 석사 과정을 밟게 되었습니다. 뉴욕은 생활비가 비싸다는 단점이 있었음에도 좀 더 넓은 곳에서 배울 수 있다는 장점과 장학금 혜택을 받을 수 있는 대학이라는 점에서 나는 기꺼이 뉴욕을 선택하게 되었습니다. 아니, 하나님의 인도하심이 그곳까지 이르고 있었습니다.

직접 대학원 과정을 밟으면서 나는 이 사실을 새삼 확인할 수 있었습니다. 그곳에서도 신시내티 음대에서와 같은 하나님의 끝없는 은혜가 여러 사람들과의 만남을 통해 부어지고 있었으니 말입니다.

그중 특별히 생각나는 분이 도로시 클로츠만Dorothy Klotzman이라는 독일인 여자 교수님입니다. 당시 음악대학 학장이자 브루클린칼리지 대학의 오케스트라 지휘자로 활동하시던 이분은 내게 또 한 분의 어머니처럼, 혹은 또 한 분의 강민자 선생님처럼 특별한 사랑으로 다가오셨습니다. 다른 학생들 사이에서 매우 엄격하고 까다로운 분으로 정평이 나 있었기에 교수님의 그 사랑이 더욱 특별하게 느껴졌는지도 모르겠습니다. 조금 과장해서 표현하면 그분은 내가 부탁하는 일이라면 다 들어주실 정도였으니까요. 학교에서 중요한 연주회가 있을 때에도 나를 우선적으로 솔리스트로 세우셨고, 학생과 학교 당국 간의 문제가 생기더라도 내가 중간에 나서서 현안 문제들을 알리면 서로 오해를 풀고 문제가 해결되기도 했습니다. 다른 미국 학생들은 학장실에 들어갈 엄두조차 못 내서 볼 일이 있더라도 비서실에서 일을 끝내고 돌아가는데, 나는 학장실을 마음 편히 드나들며 학교 일들을 처리할 수 있을 정도였습니다.

그러던 중 대학 지휘자로도 활동 중이시던 클로츠만 학장님이 후학 양성을 위해 지휘 클래스를 하나 신설하게 되었습니다. 어릴 때부터 베토벤의 피아노 협주곡 〈황제〉를 들으며 나도 모르게 지휘하는 상상을 했던 나는, 좋은 기회다 싶어 이 클래스에 참여했습니다. 당시의 여건상 지휘까지 본격적으로 공부할 여력은 되지 못했지만 내게 주어진 새로운 기회였기에 나름대로 열심히 했던 것 같습니다.

그런데 아쉽게도 두 학기가 지난 후 지휘 클래스가 폐강되어 버렸습니다. 정식 클래스가 아니었기에 교수님이 폐강하고 싶으면 얼마든지 그리할 수 있었던 데다, 클래스를 시작할 때 가졌던 학생들에 대한 교수님의 기대치가 채 미치지 못하였기 때문이 아닌가 싶습니다.

하지만 이때도 교수님께선 내게 특별한 배려를 해주셨습니다. 폐강이 된 지 며칠 후, 교수님께서 나를 부르시더니 이렇게 말씀하시는 것이었습니다.

"이 클래스를 없앴지만 너에게는 지휘를 가르쳐주겠다."

폐강을 한 이 마당에 왜 교수님께서 내게 특별한 시간까지 내가며 지휘를 가르쳐주고 싶어 하셨는지 모를 일이었습니다. 실리적인 미국 사회에서 교수님이 아무런 대가도 없이 학생에게 특별 레슨을 해준다는 건 '은혜'라는 단어가 아니고서는 설명할 길이 없었습니다. 이번에도 하나님께서 나의 달려갈 길을 다 아시고 미리 지휘 공부를 하도록 인도해주셨던 걸까요?

그후 은퇴를 코앞에 둔 클로츠만 교수님은 지휘에 약간의 소질을 보이는 제자에게 하루빨리 지휘를 가르쳐줘야겠다는 열망으로 온 열정을 다해 수업을 해주셨습니다. 아무런 대가도 없이, 오직 나만을 위한 그 수업을 말입니다.

클로츠만 교수님이 내게 베푸신 특별한 사랑과 배려는 이 외에도 또 있었습니다. 이 일은 지금까지도 브루클린대학의 전설적인 일화로 남겨지고 있는데, 이 일화를 소개하기 위해서는 뉴욕 시립대학의 특수한 시스템부터 설명해야 할 것 같습니다.

내가 다니는 브루클린칼리지는 원래 '뉴욕 시립대학'이라는 캠퍼스에 소속된 학교이고, 뉴욕 시립대학은 스물세 개의 종합대학을 가진 또 하나의 종합대학이라 할 수 있습니다. 그 스물세 개의 종합대학이 바로 브루클린칼리지나 퀸스칼리지 같은 캠퍼스인데, 각 캠퍼스별로 종합대학으로서의 기능을 다 갖추었으면서도 '칼리지'라는 단과대학 명칭을 그대로 사용하는 것도 뉴욕 시립대학 안에 소속되어 있는 학교들이기 때문이었습니다.

따라서 이 스물세 개의 종합대학에서 석사 과정을 마친 학생들이 계속해서 동 대학의 박사 과정을 공부하고자 한다면, 반드시 뉴욕 시립대학교에서 지정한 한 곳의 건물 안에서 공부해야만 박사 과정이 이수될 수 있었습니다.

그런데 문제는 내가 그 시험에서 떨어지고 말았다는 점입니다. 석사 과정까지 우수한 성적으로 잘 마쳤고, 박사 과정도 당연히 합격할 것이라는 격려를 받으며 준비했는데 박사 과정의 실기 오디션에서 떨어지고 만 것입니다. 많이 실망했지만 받아들일 수밖에 없는 현실 앞에서 나는 다시 진로를 놓고 고민하기 시작했습니다.

그러나 교수님들은 달랐습니다. 당사자인 나는 낙방 사실을 받아들이고 있는데, 교수님들은 결코 그 사실을 받아들일 수 없다는 태도였습니다. "차인홍이 실기에서 떨어졌다는 것은 상당히 문제가 크다"며 흥분하셨고, 급기야 교수님들이 모여 비상회의 비슷한 것도 하셨습니다.

이유를 분석한 결과, 그것은 각 대학 간의 경쟁이 빚은 사태라는 잠정적인 결론에 도달했던가 봅니다. 브루클린칼리지든 퀸스칼리지든 각 대학별 출신 학생이 박사 과정에 응시하면 어느 캠퍼스 출신 학생이 박사 과정에 붙느냐가 상당한 관심사요 경쟁거리였던 것입니다. 나는 그 치열한 경쟁의 한가운데에서 브루클린칼리지 대표로 시험에 응시했고 시험 당일에는 각 대학별로 음대 교수님들이 와서 채점을 했는데, 가장 큰 캠퍼스였던 브루클린칼리지 음대 교수님들이 그날따라 바쁜 스케줄 때문에 단 한 분도 채점자로 참여하지 못했습니다.

교수님들은 회의를 하면서, 내가 박사 과정에 낙방한 것은 바로 그런 공평성 없는 심사 기준의 결과였다는 데 의견을 모으면서 학교 측에도 격렬하게 항의했습니다.

그리고 며칠 뒤, 도로시 클로츠만 학장님은 나를 부르시어 말씀하셨습니다. 몇 월 며칠 몇 시에 스케줄을 잡았으니 박사과정의 실기 시험을 다시 치르라는 것이었습니다. 나는 그저 '아, 미국은 이렇게도 하나 보다'는 생각에 "네, 알겠습니다"라며 담담하게 받아들였지만, 나중에 알고 보니 박사 과정의 시험을 다시 치르는 일은 학교 개교 이래 처음 있는 일이었다고 합니다. 생각할수록 감사한 일이 아닐 수 없었습니다. 그 일은 대학 내 정치적인 문제를 해결하려는 교수님들의 노력이면서 동시에 나 한 사람을 향한 교수님들의 열화와 같은 애정의 결과였으니 말입니다.

결국, 나 한 사람을 위해 각 대학 교수님들이 다 모여서 치른 재시험에서 나는 '합격'이라는 결과를 받게 되었습니다. 합격 소식을 들은 뒤 학장실에 가서 사실을 알리자 교수님은 '내 그럴 줄 알았다'는 표정을 지으며 자기 일처럼 기뻐하셨습니다. 그리고는 그 자리에서 즉시 장학금 추천서를 써주셨습니다. 대학 본부의 회계과에 가서 그 종이를 내밀기만 해도 현금으로 3,000달러를 받을 수 있는 추천서를 말입니다. 3,000달러라면 당시로선 매우 큰돈이었습니다. 더구나 미국은 장학금을 주더라도 학비로 돌아오는 형식을 취하지, 웬만해선 현금 지불 방식의 장학금을 주지 않는 나라라는 점에서 당시의 그 혜택이 특별했다고밖에 말할 수 없습니다.

도로시 클로츠만 학장님. 이분은 왜 나를 그토록 사랑해주셨던 걸까요? 사랑의 이유를 한마디로 규정한다는 게 어려운 일이긴 하지만, 아마도 그건 내가 장애인이라는 핸디캡을 갖고 있음에도 불구하고 열심히 노력하는 모습에 대한 격려가 아니었을까 싶습니다. 결코 장애인을 동정하거나 하찮게 보는 차원과는 다른, 수준 높은 사랑과 격려를 내게 보내주고 계셨던 것입니다.

그래서 지금의 나도, 누군가 약점이 있음에도 불구하고 그 약점을 이겨내며 살아가는 모습을 보면 플러스알파의 점수를 주며 그만큼의 격려를 보내주곤 합니다. 아무런 약점이나 핸디캡이 없는 사람보다 오히려 약점이나 핸디캡이 있음에도 불구하고 그걸 딛고 일어나려는 사람에게 나 역시도 더 마음을 주고 사랑을 주게 된다는 것입니다.

하나님도 바로 그런 분이시지 않나 생각하곤 합니다. 내가 장애인이기 때문에 값싼 동정을 하거나 쓸모없는 사람이라는 가치로 바라보시는 게 아니라, 장애를 가졌음에도 열심히 달리려는 그 모습에 더 큰 박수를 보내주시며, 때때로 더 귀하게 인도해주시는 분, 그분이 바로 내가 믿는 아버지 하나님이십니다.

내가 연약할수록 더욱 귀히 여기사

높은 보좌 위에서 낮은 나를 보시네.

날 사랑하심 날 사랑하심

날 사랑하심 성경에 쓰였네.

－찬송가 563장(통 411장)

고통이 깊을 때 아침이 온다

가슴 한쪽이 고통스러울지라도

모두의 인생이 그렇듯, 나의 인생도 늘 좋은 일만 있었던 것은 아닙니다. 낮이 있으면 밤이 있고, 햇빛이 있으면 그늘이 있듯 내 인생에도 서로 다른 명암의 시간이 늘 공존했습니다. 특히, 유학 생활은 더욱 그랬습니다. 한쪽이 벅찬 감동이었다면 다른 한쪽은 고통이기도 했습니다.

그렇지 않은 인생을 사는 사람이 세상에 몇이나 될까요? 만약 인생이 늘 축제이기만 한 사람이라면 그는 축제를 축제답게 느끼지도, 축제답게 나누지도 못할 것입니다. 축제가 권태롭고 지겹겠지요. 아마도 늘 축제만 반복되기 때문에 오히려 세상에서 가장 불행하게 사는 사람이 될 수도 있을 것입니다.

그래서 창조주 하나님께서는 우리 인생에 곤고한 날과 형통한 날을 알맞게 주시는 가운데 우리들을 가장 아름답게 인도하시는 게 아닌가 싶습니다. 마치 아름다운 노을을 표현할 때조차도 무채색과 유채색의 배합이 어느 정도 섞여야 하듯이 말입니다.

뉴욕에서 보낸 나의 석사 과정은 그렇게 여러 색채가 섞여 있던 시간들이었습니다. 학교생활에선 교수님들의 특별한 사랑을 받으며 승승장구하는 듯 보였지만, 동시에 가정적으로는 '경제적인 고통'을 품고 사는 가난한 유학생이었으니까요.

물가가 비싼 미국에서 아내와 아이까지 함께 산다는 자체가 우리에겐 무리수였는지도 모릅니다. 물론 나는 학부 시절뿐 아니라 석사, 박사 과정 내내 장학금을 받으며 공부하는 수혜를 누렸습니다. 하지만, 아내의 합류와 뒤이어서 생긴 가족들의 생활비는 누가 해결해줄 수 없는 일이었습니다. 아내가 일을 나가야만 했고, 달리 할 일을 못 찾았던 아내는 임신한 몸으로 흑인들이 거주하는 지역의 가발가게에서 일하기도 했습니다. 그러다 어떤 날은 만삭인 채로 도둑을 만나는 험한 일을 당한 적도 있었습니다.

하지만 그건 시작에 불과했습니다. 기숙사에서 지내던 학부 시절은 큰 문제가 없었지만 석사 과정을 위해 뉴욕에 왔을 때, 당장 머물 숙소를 찾는 일부터가 우리에겐 난제였습니다. 큰아이 진眞이가 태어난 지 얼마 되지 않았을 그 무렵, 우리가 보는 집들마다 월세는 왜 그리 비싼지요. 뉴욕의 집값은 도무지 우리가 감당할 수준이 아니었습니다. 아파트는 아예 제쳐 놓았고 지인의 집에 들어가 한 달 동안 머물면서 간신히 구한 집이 지하 월세방이었습니다.

지하 월세방. 휠체어 장애인인 내게 지하 월세방은 이중고, 삼중고를 주는 곳이었습니다. 단순히 습기가 차고 냄새가 난다는 불편함을 넘어 나 혼자의 힘으로는 절대로 방 안에 들어갈 수도, 나올 수도 없었기 때문입니다.

그런데도 지하 월세방을 택할 수밖에 없었던 나는 그때부터 외출했다 집으로 돌아올 때마다 밖에서 큰 소리로 아내를 부르는 일을 반복하곤 했습니다.

"여보!"

그러면 아내는 밖으로 나와 휠체어를 지하 계단으로 한 계단씩 밀어 나를 집으로 안내해줬습니다. 하루 이틀도 아니고, 매일 그런 생활을 반복한다는 건 쉬운 일이 아니었습니다. 하지만 아내도 나도 그 불편함과 어려움을 불평해본 적은 없는 것 같습니다. 그저 우리가 감당해야 할 몫이라 여기며 견뎌내고 있었다고 할까요?

그런 상황에서 자동차를 사는 것도 엄두를 내지 못했습니다. 지인 중 한 분이 중고차를 넘겨주기도 하셨지만, 그 차 역시 얼마 안 가 눈이 오는 어느 저녁, 다리 위에서 멈춘 채 꼼짝도 하지 않는 바람에 결국 폐차시켰습니다. 이래저래 생활의 불편함이 가중되었던 시간이었습니다.

아내는 생활고를 해결하기 위해 백방으로 뛰어다녔지만 아는 사람도 별로 없는 뉴욕에서 일을 찾기란 어려워도 보통 어려운 게 아니었습니다. 그러다 결국은 봉제일을 하겠다며 아는 사람한테 재봉틀을 빌려온 아내를 보고는 기가 찼습니다. 부잣집 장녀로 곱게 자라 생전 바늘 한 번 꿰어본 적 없던 아내가 봉제일이라니……. 게다가 아내는 나와 달리 손재주가 없는 사람이었습니다. 그런데도 아내는 이 일을 하겠다며 재봉틀까지 덜컥 빌려왔습니다. 아이를 돌보며 집안에서 할 수 있는 일은 이것밖에 없다면서요.

아내는 그때부터 한동안 재봉 일에 매달렸습니다. 아기가 잠든 것을 확인한 순간부터 다음날 아침까지 밤새도록 소매와 목부분의 컬러를 접고 재봉질을 하는 것이었습니다. 아침이 되면 습기제거제 안에 물이 가득 찰 정도로 습하고 좁은 그 방에서 아내의 재봉틀 돌아가는 소리는 밤새도록 들려왔습니다.

그러나 밤새 재봉질을 해도 돌아오는 수입은 얼마 되지 않았습니다. 보다 못해 내가 나섰습니다. 아내와 분업을 하기로 한 것입니다. 긴 나무로 밀어서 소매를 뒤집어 놓는 작업을 내가 하고, 아내는 재봉질만 하는 식으로 일을 진행했습니다. 손놀림이

민첩하고 정교했던 나는 그런 일이라면 누구보다 잘하는 편이었습니다. 하지만 그렇게 단순해 보이는 작업도 몇 시간 동안 계속하니 힘이 들더군요. 옷감이 생각보다 거칠어서 손에 상처가 나는 일도 종종 있었고, 그 일로 인해 잠은 늘 부족했습니다. 그나마 나는 학교에 다녀온 후 몇 시간 그 일을 돕다가 잠깐씩이라도 잠을 잤지만, 밤새 재봉 일을 하고 낮에는 아기를 돌봐야 했던 아내의 얼굴은 점점 노랗게 변해갔습니다. 우리의 뉴욕 생활 몇 달은 그렇게 위태롭게 흘러가고 있었습니다.

　그러나 우리 두 사람은 가난 속에서 가장 깊은 사랑을 경험했습니다. 가난했기 때문에 오히려 서로에게 더욱 집중할 수 있었던 시간이라고 해야 할까요. 하나님께서는 가난이라는 고통 속에서도 우리 두 사람에게 '사랑'이라는 축복을 선물로 주고 계셨고, 우린 그 힘으로 고통을 고통스럽지만은 않게 보내고 있었습니다.

재물이 없어도 여호와를 모신 삶이,

많은 재산을 갖고 있으면서 문제가 많은 것보다 낫다.

채소만 먹어도 서로 사랑하는 것이,

쇠고기로 잔치하면서 싸우는 것보다 낫다.

잠언 15장 16~17절

가난한 날들의 행복

　지금 돌아봐도, 나의 유학 생활은 한 번도 가난하지 않은 적이 없었습니다. 하지만 그런 가난 속에서 나는 한 번도 부요하지 않은 적도 없었습니다. 떼돈을 갖다 줘도 할 수 없는 공부와 경험들을 나는 유학 생활 내내 하고 있었고, 어떤 부자들보다 더 부요한 사랑을 많이 받고 있었습니다.

　경제적으로 가장 어려웠던 뉴욕 생활에서도 나는 그런 부요한 사랑을 경험한 일이 있었습니다. 아내와 내가 한참 재봉 일에 몰두하던 무렵이었으니 뉴욕 생활 초창기였다고 할 수 있습니다. 당시 우리는 한인사회와 교제권이 형성되면서 집으로 놀러오라는 식사 초대를 종종 받기도 했지만, 자동차가 없거나 자동차 기름값이 없어 그 초대에 응하지 못할 만큼 빈곤한 생활을 하고 있었습니다. 이런 사실을 잘 몰랐던 교회 집사님 한 분이 그날따라 우리 집에 마실을 오셨습니다. 내가 학교에 간 사이에 아내 혼자 심심할까봐 일부러 찾아와 준 것입니다.

　그런데 마침 점심시간이 되어 식사를 해야 했음에도 불구하고 아내는 집에 반찬이 없던 터라 "식사하자"는 말을 꺼내지 못하고 있었습니다. 그런 아내의 속마음을 전혀 몰랐던 그 집사님은 한국 아줌마들의 허물없는 성품으로 "우리 점심이나 해 먹을까?" 하며 우리 집 냉장고 문을 열어보셨습니다.

"아니……."

냉장고 문을 연 후 집사님은 한동안 아무 말도 못했다고 합니다. 우리 집 냉장고 안이 텅 비어 있었기 때문이었지요. 남들 집에 다 있는 김치는커녕, 계란이나 채소 등은 눈 씻고 찾아봐도 없었고, 오직 된장 한 통만이 덩그러니 놓여 있었습니다. 굶지 않고 사는 것만으로도 다행으로 여기며 살아가던 무렵이라 우리로선 당연하게 생각했던 냉장고 안의 모습을 보고 집사님은 큰 충격을 받으셨던가 봅니다. 그날로 집사님은 교회로 돌아가 우리 사정을 교회에 알림으로써, 교회 측으로부터 도움을 받는 기반을 마련해놓으셨습니다.

그후, 교회에서는 나를 성가대 지휘자로 임명하고 매달 500달러씩을 지휘자 사례비로 지급해주셨습니다. 이미 무보수로 섬기는 성가대 지휘자가 있었지만, 그가 음악 전공자가 아닌 데다가 가정 형편도 어렵지 않은 터라 그의 동의를 얻어 성가대 지휘자의 책무를 내게 맡겨주신 것입니다. 그것도 대형교회의 유능한 지휘자나 받음직한 500달러의 사례비를 책정한 것은 나를 돕기 위한 교회의 배려가 얼마나 큰 것이었나를 짐작하게 합니다. 불우이웃 돕기의 형식이 아니라 교회를 위해 할 일을 맡겨주면서 사례비조로 지급해줬다는 것도 두고두고 감사한 일이었습니다.

우리는 그때부터 냉장고에 채소며 계란 등을 사다 놓을 수 있었습니다. 그리고 음식을 먹을 때면 가끔씩 이런 생각이 들었습니다. 나만큼 값비싼 반찬을 먹는 사람도, 나만큼 큰 사랑의 반찬을 날마다 밥상에 올려서 먹는 이도 없을 것이라는……

한 번의 외면과 한 번의 수용

석사 과정을 마친 후 '지휘' 분야로 박사 과정을 밟았습니다. 도로시 클로츠만 교수님께 지휘를 배울 때도 재미있게 배웠지만, 그 전부터도 막연히 지휘 공부에 매력을 느꼈던 터라 주저함 없이 지휘 공부에 입문했습니다.

동시에 대내외적인 음악 활동에도 적극 참여했습니다. 카네기홀에서 뉴욕 데뷔 연주를 가진 이래 아스펜 국제음악제와 안톤 베버른Anton von Webern 탄생 100주년 기념음악제에도 참가했고, 시카고 및 인디애나폴리스, 마이애미 등 미중부 지역에서 100회 이상의 실내악 및 협주의 기회를 갖기도 했습니다. 세계적인 바이올리니스트 아이작 펄만의 마스터 클래스에 고정 출연하여 연주하는 기회도 있었고, 일본 순회 연주도 계속해서 이어졌습니다.

그렇게 박사 과정의 공부와 음악 활동을 하면서 한편으론, 이제 고정 직업을 가질 때가 왔다는 생각이 들었습니다. 직업을 갖는다면 가능한 내 조국 대한민국에서 가지고 싶었습니다.

때마침, 한 친구로부터 충청도의 모 대학에서 교수 채용이 있으니 응모해보라는 연락이 왔습니다. "너 정도의 실력이면 충분히 가능성이 있다"는 그 친구의 적극적인 추천에 자극을 받아 원서를 준비해서 그 대학에 넣었습니다. 실력이 부족하다면 할 수 없는 일이지만, 떳떳하게 경쟁해서 음악과 교수로 채용될 수 있으면 좋겠다는 소망을 품고서 말입니다.

원서를 낸 얼마 후, 볼 일이 있어 한국에 들렸던 내게 그 학교의 학과장으로부터 한 번 만나자는 전화가 걸려왔습니다. 뭔가 좋은 소식이 있을 것 같은 마음에 식사 자리에 나가는 내 마음도 약간 들떠 있었습니다.

그러나 그 자리에서 듣게 된 이야기는 좋은 소식이 아니라 내게 치명적인 상처를 남겨주는 이야기였습니다. 학과장이란 분은 나름대로 점잖게 얘기를 한다고 했지만, 듣는 나로선 차라리 그 말을 듣지 않았더라면 하는 마음마저 들었습니다.

"그러니까 학과장님 말씀은 나 같은 장애인은 교수 채용 자격에조차 들지 못한다는 말씀이시군요."

대꾸하는 내 목소리가 떨리고 있었습니다. 그런 내 모습을 바라보면서 학과장님의 말씀은 계속 이어졌습니다.

"강의실이 2층에 있는데 엘리베이터도 없고, 그러니 어쩌겠습니까? 장애인 교수를 채용하기가 당연히 불가능하지요. 게다가 휠체어에 앉은 채 수업을 하기도 어렵습니다. 칠판이 높은데 어떻게 칠판에 판서를 할 수 있겠어요?"

그 정도는 상식인데 그것도 모른 채 서류까지 냈느냐는 표정으로 나를 바라보는 학과장님의 얼굴에는 동정심이 어려 있었습니다. 이야기를 다 들은 나는 너무도 실망스러워 한숨이 나왔습니다. 조국 대한민국의 더불어 함께 사는 사회 의식이 아직도 그 정도 수준이라는 게 가슴이 아팠습니다. 아직도 뿌리 깊이 박혀 있는 장애인에 대한 한국 사회의 편견과 차별이 가슴에 화살처럼 와서 박혔습니다. 만약 미국 사회에서 상대방이 내게 "장애인이기 때문에 채용할 수 없습니다"라는 말을 남겼다면 그것은 곧바로 '소송감'에 해당되었습니다. 그러나 한국은 그때까지도 너무나 당당하고 떳떳하게 장애인들을 차별하고 있었습니다. 강의실이 2층이라면 1층으로 옮기면 되고, 칠판이 높다면 낮추면 되는 것인데, 장애인 교수를 위해 그 정도의 배려조차 할 수 없다는 건 우리 사회가 얼마나 강자 중심이고 기득권자 중심인지를 알려주는 모습이었습니다. 차라리 내게 "실력으로 정당하게 심사한 후 그래도 안 되면 할 수 없는 일입니다"라고 말했다면, 나는 그렇게까지 아픈 가슴을 안고 미국으로 돌아가지 않았을 것입니다. 미국으로 돌아가는 내 가슴엔 '아, 한국 사회에 내가 발붙일 곳이 없겠구나' 하는 절망감만이 가득했습니다. 장애인에게 기회조차 주어지지 않는 내 나라 내 조국의 모습이 너무나 서글펐습니다.

그러나 그 모습이 내 조국 대한민국의 모든 현실은 아니라는 걸 시간이 지난 후 알게 되었습니다. 당시 대전시립교향악단 지휘자셨던 고故 정두영 선생님께서 어느 날 내게 파격적인 기회를 제공해오셨습니다.

"차 선생, 한국에 오셔서 우리 교향악단의 악장을 좀 맡아주셔야겠습니다."

악장이라면 교향악단에서 큰 위치를 차지하는 자리입니다. 오케스트라 연주회를 할 때도 단원을 대표해서 인사를 하고 박수를 받는 위치가 악장의 위치입니다. 그런 중요한 자리에 나를 앉히겠다는 정 선생님의 의지는 장애인에 대한 한국의 편견을 뛰어넘는 것이었습니다. 나중에 안 일이지만, 대전시립교향악단의 악장 자리를 놓고 여러 군데서 부탁이 있었다고 합니다. 정두영 선생님 입장에서도 특정한 사람을 악장의 자리에 앉혀야 정치적으로 유용할 수도 있었습니다. 그런데도 정 선생님은 그 모든 유혹을 물리치고 나를 그 자리에 불러주셨습니다. 이유는 단 하나였습니다. 차 선생 실력만 한 사람을 찾을 수 없다는 것이었습니다.

나는 정두영 선생님의 그와 같은 의지와 태도에 감격했습니다. 너무나 감동했던 까닭에 아무 주저함 없이 하던 공부도 멈추고 한국으로 귀국했습니다. 대전시립교향악단. 그곳은 내 조국 대한민국으로 나를 불러준, 나의 가치를 편견 없이 바라보고 나를 품어준 너무도 고마운 곳이었기 때문입니다.

여호와는 억압받는 사람들의 피난처가 되시며,

그들이 어려움 가운데 있을 때에 보호자가 되십니다.

여호와여, 주의 이름을 아는 사람들은 모두 주님을 믿고 의지할 것

입니다.

왜냐하면 주님은 주님께 오는 자들을 저버리지 않기 때문입니다.

시편 9편 9~10절

또 한번 건너야 할 강

조국에서의 일상은 눈코 뜰 새 없이 바빴습니다. 매일 오전 10
시부터 오후 1시까지는 교향악단과 연습을 하고, 매주 목요일은
대전 극동방송에서 〈명곡산책〉이란 클래식 프로그램을 진행했
으며, 1주일에 한 번씩 침례신학대학교에서 강의까지 맡았습니
다. 거기다 매일 저녁이면 유성에 있는 내 연습실에서 학생들에
게 개인 레슨까지 지도했으니 그 시절, 나의 휠체어 바퀴는 불이
날 지경이었습니다.

그 옛날 대전 변두리의 집 한 귀퉁이에서 아무 할 일도 없이
무력하게 살았던 흔적은 다 어디로 사라졌을까요? 휠체어를 굴
리며 부지런히 움직이던 내 모습 어디에도 무기력한 흔적이라
곤 찾아볼 수 없었습니다. 나는 마치 세상에서 가장 바쁜 사람

처럼, 휠체어를 타고 동에서 서로, 서에서 남으로 달리고 또 달렸습니다.

그렇게 살기를 6년. 나를 필요로 하는 사람들 속에서 열심히 나의 기량을 펼치는 가운데 받는 경제적 수익은 내게 생애 처음으로 경제적 안정감을 가져다주었습니다. 미국에서 한국으로 돌아올 때만 해도 내 재산은 수중에 갖고 있던 돈 30만 원이 전부였습니다. 자동차도 살 돈이 없어 500만 원을 빌려 중고차를 겨우 샀고, 사는 집 역시 빚을 내서 얻어야 했습니다. 그런데 대전 생활 6년 만에 나는 집도 한 채 장만하고 빚도 청산했습니다. 때를 같이해서 진이와 용이, 두 아들도 무럭무럭 자라주었고, 그동안 고생했던 아내의 얼굴에도 웃음이 피어난 듯했습니다.

그러나 아직도 내가 건너야 할 고난의 깊은 강이 남아 있었던 것일까요? 나를 조국의 품으로 불러주었던 대전시립교향악단의 한 사건이 뜻하지 않은 쪽으로 흘러가고 말았습니다. 지휘자였던 정두영 선생님께서 사임을 하셨고, 그 이후 단원 간의 불화가 생겼으며, 그 불화의 원인을 해결하는 과정에서 악장인 내가 총대를 멘다는 게 몇몇 단원들로부터 미움을 받는 계기가 되고 말았습니다. 그때부터는 모든 일이 순식간에 엉켜버렸습니다. 나를 제거할 방법을 찾던 몇 명의 단원들은, 나와 둘도 없는 단짝 친구가 나의 명의를 사용해 사업을 하다가 관세법을 위반하는 실수를 범한 걸 찾아내고는 그 친구를 고발하기에 이르렀습니다. 그러자 그 친구와 함께 나 역시도 생전 처음 법정에 설 수밖에 없었습니다. 대전시립교향악단의 악장은 당시 시청의 5급 공무원에 속해 있었는데 공무원으로서 큰 물의를 빚었다는 이유였습니다.

아, 이때의 아득한 심정을 어떻게 표현해야 할까요? 아무것도 없던 시절에 한 걸음 한 걸음 하나님의 은혜로만 채워졌던 날들을 돌아보니 더욱 기가 막혔습니다. 그분께서 여기까지 나를 인도하셨고, 여기까지 내게 복을 주셨는데, 오히려 많은 것을 얻었다고 생각한 이 시점에서 모든 걸 잃게 될 수도 있었습니다.

그러고 보면 하나님께서 인도하시는 일에는 실수가 없으셨는데, 어느덧 나의 발과 나의 손에 내 힘이 너무 많이 들어가 있었던 건 아닌지 돌아보게 되었습니다. 내가 힘을 빼야 그분의 인도하심대로 갈 수 있는데, 나도 모르는 사이에 언젠가부터 내가 정한 방향대로 달리다 보니 이런 일을 겪게 된 건지도 모를 일이었습니다.

내가 내려놔야 할 게 무엇인지 알고 싶었습니다. 내려놔야 한다면 모두 내려놓고 다시 그분의 인도하심 속에 들어가고 싶었습니다. 언제나 정확하고 실수가 없으신 그분의 인도하심 속으로 들어가고 싶었습니다.

여호와여, 주의 이름을 위하여, 나의 생명을 보호해주소서.

주의 의로움으로 나를 어려움 속에서 이끌어내 주소서.

주의 변치 않는 사랑으로 나의 적들을 잠잠하게 하소서.

나의 모든 적들을 쳐부수소서.

왜냐하면 나는 주의 종이기 때문입니다.

시편 143편 11~12절

그렇게 엎드려 있던 나를 하나님께서 애처로이 보고 계셨던 것일까요? 나를 끌어내리려 했던 서너 명의 단원들을 제외한 시립교향악단 단원들 전체와 교회 가족들 수백 명이 나를 위한 서명운동을 적극적으로 벌여주었습니다. 선처를 바란다는 것이었습니다. 나의 억울함에 대해 나보다 더 애통해하면서 서명운동을 벌여준 그분들로 인해 결국 나는 벌금을 내는 선에서 혐의를 벗어날 수 있었습니다.

그 후 나는 미련 없이 악장 자리에 사의를 표했습니다. 대전시립교향악단의 단원들과 함께했던 잊을 수 없는 추억과 사랑과 고마움을 안은 채, 그리고 나를 음해하려 했던 몇몇 단원들에 대한 분노와 서운함도 내려놓은 채 나는 다시 미국행 비행기에 몸을 실었습니다. 못다 했던 박사 과정의 공부를 이제라도 다시 하고 싶었기 때문입니다. 아니, 공부를 다시 하고 싶었다기보다 빈털터리가 된 그 시점에서 나는 다시 하나님의 완벽한 이끄심 속으로 들어가고 싶었는지도 모릅니다. 아무것도 없기에 하나님의 인도하심만 소망할 수 있는 그런 자리, 그런 자리에서 나는 다시 시작하고 싶었습니다. 내 경험상, 그런 자리에 있을 때에야말로 가장 정확하게 그분의 능력, 그분의 사랑, 그분의 은혜를 경험할 수 있기 때문이었습니다.

1996년 12월 31일. 나는 그 은혜를 소망하며, 장학금과 얼마의 생활비까지 보조해준다는 사우스캐롤라이나 주립대학에 입학하기 위해 다시 미국으로 떠났습니다. 아무것도 없는 빈털터리인 채로, 아니 정확히 말하면 얼마의 빚까지 떠안은 채 나는 아내와 두 아들을 데리고 박사 과정의 공부를 다시 시작하게 되었습니다.

마침내 반환점을 돌다

마른하늘의 구름 한 조각

삼십 대 후반의 나이에, 그것도 두 아이의 아빠로서 빚까지 떠안은 채 박사 과정을 밟는다는 건 엄청난 모험이었습니다. 만약 그때 내가 현실에만 집중했다면 결코 그 모험을 감행하지 못했을 것입니다. 그것도 '지휘'라는, 보장되지 않으면서도 너무나 광대한 분야에 뛰어들 생각을 감히 하지 못했을 것입니다.

그런데도 나는 공부를 감행했습니다. 대전에 머물 당시, 5년 동안 '아마빌레 챔버오케스트라' 리더를 맡아 지휘를 했던 게 당시의 결정에 어떤 영향을 준 것 같습니다. 한번 지휘를 시작하면 자신의 실력 여부도 돌아보지 않은 채 지휘 자리를 내려놓지 못하는 지휘자가 많다고 할 만큼 강력하게 중독되는 지휘의 매력을 나도 어쩌면 조금은 맛보았는지도 모르겠습니다. 하지만 지휘를 공부한다고 해도 나중에 지휘자로 활동할 수 있으리라는 보장은 전혀 없었음에도 그 막막한 현실에서 주저함 없이 '지휘' 공부를 하겠다고 나선 것은 희한한 일이었습니다. 나는 평소 매력을 느낀다고 해서 무작정 뛰어들 만큼의 이상주의자도 아니었기 때문입니다.

지금 생각하면, 모든 기반이 흔들렸던 당시에 하나님께서 나의 분별력을 붙들어주셨던 게 아닌가 싶습니다. 생계에 대한 염려나 미래에 대한 불안함도 다 내려놓고 내가 정말 원하는 공부를 하도록, 이번에도 나 자신을 존중해주도록 이끄셨던 것입니다. 내 마음이 원하는 길, 내 영혼이 이끌리는 그 길로 가며 감사의 노래를 부르도록 하나님께서는 내 길을 인도하고 계셨습니다.

하지만 늦은 나이에 어렵게 시작하는 공부인 만큼, 좀 더 빨리 박사 과정을 마치려는 노력을 해야 했습니다. 공부의 밀도를 높여서 몇 개월이라도 빨리 이 과정을 마쳐야 가족들의 생활이 조금이라도 해결될 수 있었기 때문입니다. 아내는 아내대로 피아노와 바이올린 레슨을 하려고 했지만 그런 레슨을 하려면 인맥 형성의 시간이 필요했기에 처음 몇 개월 동안은 답을 찾을 길이 없었습니다. 생활비는 부족하고 빚은 날마다 늘어가면서 오랜

가뭄처럼 우리 가정 경제의 목마름이 해결될 기미가 보이지 않았습니다.

그러나 이때에도 마른하늘의 구름 한 조각처럼 하나님의 돌보심이 우리를 찾아왔습니다. 늘 그러셨던 것처럼, 이번에도 꼭 그때가 아니면 안 되는 절묘한 순간에 그분이 내려주시는 단비 한 줄기가 우리의 목마름을 채워주었습니다.

1996년 12월 미국에 들어간 후 그 이듬해 여름 즈음이었던 걸로 기억합니다. 생활고에 시달리던 우리 가족은 그 여름을 넘기기가 벅찬 상태였습니다. 하루라도 빨리 일거리를 찾아야만 했던 터라 나는 직업오케스트라 단원이라도 되어 돌파구를 찾으려 했습니다만, 미국 내에서는 직업오케스트라 단원이 된다는 것이 쉬운 일이 아니었습니다. 한 번 사람을 뽑는다는 광고가 나가면 수백 대 일의 경쟁률을 기록할 정도였으니까요.

그러던 어느 날, 지방신문에 사우스캐롤라이나 교향악단에서 제2바이올린 수석주자를 모집한다는 광고가 나왔습니다. 이 교향악단은 단원들이 풀타임으로 뛰는 악단이 아니라는 점에서 전문 교향악단으로 볼 수는 없지만, 그 연주 수준만큼은 웬만한 프로 교향악단을 능가할 만한 훌륭한 악단이라는 평가를 받고 있었습니다. 학생 신분인 내가 파트타임으로 이 교향악단에 참여하면 연주 경험도 쌓고 생활비도 보탤 수 있으리란 생각에 오디션에 참가했습니다.

그런데 웬일인지 오디션에 참석한 사람은 총 다섯 명밖에 되지 않았습니다. 의아해하면서도 성의를 다해서 준비한 곡을 연주했습니다. 마침 상임지휘자는 연주회 차 영국에 가 있어서, 교향악단의 대표되는 몇 사람들이 심사를 담당하고 있었습니다.

'분위기가 참 이상하다.'

고개를 갸웃거리며 집으로 돌아온 나는 심사 결과를 받은 후에야 오디션 현장에 사람이 왜 없었는지 알게 되었습니다. 이 교향악단의 상임지휘자는 원래 영국에서 초청된 사람이었는데, 이분이 영국에서부터 개인적으로 친분이 있었던 사람을 제2바이올린 수석주자로 앉혔던가 봅니다. 그러자 공개오디션도 거치지 않은 채 데려왔다는 점에서 제2바이올린 수석주자에 대한 불만이 단원들 사이에서 몇 년 간 이어졌고, 결국 그 자리를 공식화시키기 위해 이번에 오디션 광고를 낸 것이었습니다. 말하자면 오디션은 명목이었을 뿐, 영국에서 왔다는 제2바이올린 수석주자가 그 자리에 앉게 되는 것이 잠정적인 사실이었습니다.

그런데 의외의 일이 벌어졌습니다. 심사의원 전원의 만장일치로 내가 제2바이올린 수석주자로 뽑힌 것이었습니다. 그때만 해도 내부의 복잡한 상황을 몰랐던 나는 그저 하나님께 감사하며 안도의 숨을 내쉬었지만, 내부 관계자들은 이를 수습하기 위해 발 빠르게 움직여야 했습니다. 그것은 상임지휘자의 최종 결정을 받아내야만 나를 그곳의 정식 단원으로 임명할 수 있기 때문이었습니다.

결국 교향악 관계자들은 내 연주 상황을 녹음해서 영국에 있는 상임지휘자에게 보냈고, 상임지휘자는 그것을 듣고 오랜 시간 고민하다 그도 나를 정식 수석주자로 인정하기에 이르렀습니다. 덕분에 나는 박사 과정을 공부하는 2년여 동안 연주회 활동과 함께, 약간의 생활비도 벌 수 있었습니다. 함께 활동하는 단원들도 나의 동참을 기뻐하며 아낌없는 격려를 해주었습니다.

"미스터 차가 들어온 날부터 그쪽 파트 섹션의 소리가 눈에 띄게 달라지는 게 느껴져요."

다시 시작하는 시기이기에 누군가의 격려와 위로가 절실했던 그 시절, 나는 단원들이 해주는 칭찬과 격려 속에 조금은 자신감을 회복하며 공부할 수 있었습니다. 게다가 나는 사우스캐롤라이나 콜롬비아의 한인연합장로교회 성가대 지휘도 맡아 사역하고 있었습니다. 그것은 곧 교회로부터 많은 사랑을 받고 있었다는 뜻이기도 합니다.

그렇게 나는 그 시절의 고비를 넘기고 있었습니다. 이번에도 역시 하나님의 절묘한 은혜 속에서, 그분이 보내주시는 공급을 통해서 나와 우리 가족은 다시 목마름을 축일 수 있었습니다.

그러기를 2년 반. 남들이 4년 만에 마친다는 박사 과정을 나는 2년 반 만에 마치게 되었습니다. 분별력과 영감과 지혜와 명철을 주시는 하나님의 은혜 때문에 가능한 일임을 알았기에 나는 이 모든 영광을 하나님께 돌렸습니다.

그러나 문제는 이제부터였습니다. 공부를 할 만큼 한 이 시점에서 내가 과연 무엇을 해야 할지, 내가 과연 어떤 길을 가야 할지 아무것도 모르는 시기가 내게도 찾아왔으니 말입니다. 어쩌면 처음 유학을 떠나왔을 때나 다시 공부하기 위해 미국에 찾아왔을 때보다 더한 위기감을 그때부터 느끼기 시작했습니다. 이젠 더 이상 캠퍼스라는 울타리도 사라졌고, 그렇다고 미국 사회에 내가 의지할 만한 백그라운드도 없었으니까요. 정말 눈 씻고 찾아봐도 일자리를 부탁할 만한 사람이 내겐 없었습니다.

'아, 그랬지. 그게 내 현실이었지.'

이제는 더 이상 의지할 이 없음을 철저히 알게 되면서 하나님을 바라보는 나의 시선은 점점 고정되어갔습니다. 마치 길을 잃은 자가 나침반만을 바라보며 제 길을 찾아가듯이, 길을 안내받아야 할 그 시점에서 나의 눈은 어느 때보다 하나님께로만 향하게 되었습니다.

내가 눈을 들어 산들을 바라봅니다.
나의 도움이 어디서 옵니까?
나의 도움은 여호와로부터 옵니다.
하늘과 땅을 만드신 그분으로부터 옵니다.

시편 121편 1~2절

풍족한 실업자

박사 학위를 마친 나는 가족과 함께 LA에 계신 김태경 목사님 곁으로 향했습니다. 이분이 목사님이 아니었다면 어려운 처지에 목사님을 찾아가는 게 나 자신도 부담이 되었겠지만, 어차피 양을 돌보는 목사님이란 생각에 조금은 의지해도 될 듯싶었습니다. 엄밀히 말하면 나는 목사님을 의지했다기보다 그분이 믿는 하나님을 더욱 의지하고 싶은 마음에 김 목사님을 찾아갔다고 하는 것이 정확한 표현일 것입니다. 내 인생의 가장 중요한 시기였기에 하나님의 신실한 종 곁에 있으면서 나도 조금은 더 하나님을 신실하고 간절하게 바라보고 싶었던 것입니다.

나의 그런 기대대로, 김 목사님은 우리 가족을 당신의 가족처럼 따뜻하게 사랑해주셨습니다. 나와 아내가 그 교회에서 성가대 지휘와 반주자로 섬길 수 있도록 배려도 해주셨습니다.

나는 그런 목사님의 사랑을 받으며 평생 처음으로 새벽기도를 1년 동안 꾸준히 다니기 시작했습니다. 처음 목사님 곁에 찾아갈 때의 마음처럼, 이번에야말로 하나님만 의지하고 싶었기 때문이었습니다. 그분이 내시는 길을 따라 가고, 그분이 주시는 은혜만을 받고 싶었다고 해야 할까요. 내 인생을 여기까지 인도해오신 분이 하나님이시라면, 그다음 길에도 하나님의 놀라운 이끄심이 있기를 간절히 바랐습니다.

1년. 내게 주어진 시간은 1년이었습니다. 원래 미국에서는 박사 학위 취득 후 1년간 학생비자를 연장해줍니다. 1년 동안 미국에서 연구를 더하거나 활동할 수 있는 유예 기간을 주는 것입니다. 이것은 1년의 유예 기간 동안 활동할 터전을 마련하지 못하면 미국을 떠나야 한다는 뜻이기도 했습니다.

그런데 이상하게도 직업이 금방 구해지지 않았습니다. 교회에서 도움은 받고 있었지만 그것만으로는 네 식구가 생활하기 벅찼던지라 얼마 지나지 않아 생활에도 엄청난 지장이 찾아왔습니다. 조금 과장해서 표현하자면, 몇 달 후 미국을 떠나기도 전에 우리 가정이 파산에 이를지도 모를 일이었습니다.

그러자 이번엔 익명의 천사가 내게 찾아왔습니다. 그 소식을 김태경 목사님께선 이렇게 전해주셨지요.

"차 집사, 교인 중 한 사람이 매달 1,000달러씩 작정헌금을 하면서 그 헌금을 차 집사 가정을 위해 사용해달라고 부탁하셨어요."

이민 사회에서 1,000달러의 가치는 어마어마한 것이었습니다. 집세부터 세금에 이르기까지 다달이 지출하는 고정비용이 큰 사회인만큼, 대부분 그 달 벌어 그 달 사용하는 식으로 사는 사람들이 미국 사람들이고 이민자들이었습니다. 아주 부자가 아닌 이상, 목돈을 쌓아놓고 사는 사람은 드물다는 것입니다. 그런 상황에서 우리를 위해 100만 원 정도의 큰 액수를 매달 이름도 없이 돕는다는 건 천사의 마음이 아니고는 불가능했습니다.

나는 그 천사의 도움으로 생애 처음으로 1년간 아무것도 하는 일 없이 신선놀음을 하며 살았던 것 같습니다. 실업자였음에도 기본 생활비가 충당되었으니 신선놀음이 따로 없다고 해야 하지 않을까 싶습니다.

그런 가운데 나는 내가 누군지, 내 인생을 어떻게 경영해야 할지 차분히 돌아보게 되었습니다. 아무것도 없이 태어나 기적처럼 바이올린을 만났고, 또한 너무나 질척한 환경 속에 살면서도 누구보다 화려한 교육을 받고 화려한 경험을 쌓았던 사람이 나였습니다. 초등학교 졸업장밖에 없던 내가 유학 과정으로 학사, 석사, 박사 과정까지 마쳤을 뿐 아니라, 그 과정에서 단 한 번의 학비를 내는 일도 없었고 단 한 번도 굶는 일이 없었습니다. 초라하게 서 있던 나를 누군가 화려하게 꾸며주셨고, 아무것도 없던 내게 모든 것을 주셨다는 걸 내 인생은 확인시켜주고 있었습니다.

'그분이 모든 걸음을 인도하셨다. 나는 그분이 이끄시는 인도함 속에서 모든 걸 누리며 여기까지 왔다.'

이 깨달음이 있은 뒤부터 나는 내가 무엇을 잘해서 이루었다거나 누구보다 노력했기 때문에 성공했다는 말을 감히 할 수 없게 되었습니다. 실제로 나는 그 시절, 인생이 내가 가진 실력이나 배경이나 노력만으로 결정되지 않는다는 걸 깊이 실감하고 있었습니다. 나는 그 시절에만 해도 소수가 소유했던 박사 학위 소지자였지만 직업도 없는 실업자였고, 또한 직업도 없는 실업자였지만 하나님의 은총 속에 신선놀음을 하며 사는 풍족한 사람이었습니다. 참으로 인생의 역설이 아닐 수 없는 이 사실 앞에서 나는 그분에 대한 경외심을 갖지 않을 수 없었습니다. 인생의 축복은 우리의 어떤 조건으로 채워지는 게 아니라 하나님의 사랑과 은혜 속에서만 채워진다는 걸 나의 삶은 입증하고 있었습니다.

하나님, 한 번만 도우소서

내 생애 처음 갖게 된 1년 동안의 신선놀음은 내게 많은 걸 안겨주고 있었습니다. 그런 가운데서도 새벽마다 드리는 나의 기도는 간절할 수밖에 없었습니다. 하루빨리 직업을 가져야만 다른 이들의 부담도 덜어줄 수 있고, 비자 문제도 해결될 수 있었기 때문입니다.

"하나님, 이번 한 번만 더 도와주세요."

하나님이 한 번만 도와주실 분이 아님을 알면서도, 기도를 드릴 줄 몰랐던 나의 입에서는 절박한 사람들이 본능적으로 내뱉는 "한 번만 도와달라"는 내용이 이어지곤 했습니다. 한 번이 천

번이 되고 만 번이 될 것을 뻔히 알았지만, 어쨌든 나는 이번 한 번의 도움이 절실했던 터라 "하나님, 한 번만 더 도와주세요. 한 번만 더……."라는 기도를 반복하게 되었습니다. 그리고 그렇게 기도를 드릴 때면 왠지 모르게 하나님의 손길이 임하리라는 기대와 확신도 찾아오곤 했습니다.

하지만 새벽기도가 끝나 현실로 돌아오면, 막막함과 막연함이 다시 나를 뒤덮곤 했습니다. 어디서 어떤 방식으로 직업을 구해야 할지도 선명하지 않았습니다. 직업 광고란을 보고 서류를 내는 방식밖에는 내가 취할 방법이 없었는데, 광고란을 아무리 뒤적여도 마땅한 직업을 발견할 수 없는 날들의 연속이었습니다.

그렇게 하루하루가 지나고 어느덧 몇 달의 세월이 흐르면서 어떤 날은 초조함이 찾아오기도 했습니다. 내가 공부한 분야에 딱 맞는 길은 아니더라도 당장 생계를 해결할 직업이라도 찾아야겠다는 생각도 슬그머니 찾아왔습니다. 때를 같이하여 한 지인이 내게 '치아 기공사'를 해보면 어떻겠냐는 제안도 해왔습니다.

"그럴까?"

지인의 말에 "그럴까?"라는 말이 나올 만큼, 시간과 상황은 나를 점점 옭죄어왔습니다. 손재주가 남다르다는 평가를 받아왔던 터라 치아 기공사를 하면 남들보다 빨리 자리매김할 수도 있으리란 기대도 가져봤습니다.

하지만 기도를 하면 고개가 절레절레 저어졌습니다. 뭔가 하나님의 예비하신 길이 있는데 그 길을 코앞에 둔 상황에서 내가 흔들리고 있는 건 아닌가 싶었던 것입니다. 기도가 더 간절해졌습니다.

"그러니까요. 하나님, 한 번만 더 도와주세요. 이번 한 번만……."

그날 새벽에도 나는 하나님께 그런 기도를 드리고 온 터였습니다. 컴퓨터를 켜서 그 앞에 앉았습니다. 집에서 쉬는 동안, 신문을 뒤적이기도 하고 공부를 하기도 했지만 컴퓨터는 잘 켜지 않던 내가 그날따라 인터넷 이메일을 확인하며 일자리를 구해볼 마음이 들었던 것입니다.

오랜만에 확인해서인지 메일함에는 여러 통의 메일이 쌓여 있었습니다. 그중, 미국 전역의 대학 교수 포지션에 대한 정보를 알려주는 인터넷 신문 메일이 눈에 띄었습니다. 그동안 나는 그곳에서 주는 각 대학의 교수 채용 정보를 그저 구경하기만 했습니다. 그런데 이번에는 인터넷 신문 메일을 열어 자세히 확인해보고 싶은 생각이 들어 이메일을 열어보니 그 분량이 생각보다 엄청났습니다. 도저히 하나하나 읽어볼 엄두가 나지 않더군요. 제대로 읽어보지도 못한 채 마우스를 주욱 내렸습니다. 그런데 내리는 도중 마우스가 잠깐 작동을 멈췄는지 모니터 화면이 일시에 멈추어 서는 것이었습니다. 동시에 내 눈도 모니터에 머물렀고, 모니터를 보던 내 눈은 갑자기 동그랗게 커졌습니다.

오하이오 라이트 주립대학교 바이올린 지도교수 채용 공고.

자격 : 바이올린 전공자. 현악 4중주의 경험자. 지휘를 겸용
할 수 있는 자.

음악대학교의 바이올린 지도교수의 자격 요건이 내 눈을 휘둥
그레지게 했습니다. 고개가 갸웃거려졌지요. 이런 경우가 매우
드물기 때문이었습니다. 지휘만 한다든가, 바이올린만 가르칠
수 있다든가 하는 교수를 뽑지, 세 분야를 다 갖춘 교수를 뽑는
다니요. 그것도 내가 거쳐온 분야만을 골라 교수 채용 광고가 나
온다는 게 참 신기했습니다. 문득, 며칠 전에 아내가 했던 말도
떠올랐습니다.

"어느 대학에서 바이올린, 지휘, 실내악 이 세 분야를 할 줄 아
는 사람을 뽑는 데가 없을까? 그러면 당신이 딱인데, 그렇죠?"

아내의 그 말이 결코 우연이 아닐 수 있단 생각에 서둘러 움직
였습니다.

'이때를 위함이었는지도 모른다. 지금껏 바이올린을 배우고,
현악 4중주를 하고 지휘를 배웠던 것이…….'

일단 추천서 세 통이 필요했습니다. 전화를 걸어 그동안 저를
아껴주셨던 교수님들께 부탁을 드리자 모두들 기꺼이 추천서를
써주셨습니다. 그 외 여러 통의 서류와 자기소개서도 준비했습
니다. 이 대학에 응모하는 이유와 나에 대한 소개를 영문으로 준

비하는 것이었습니다. 그러자 언젠가 한국인 교수로부터 들은 얘기가 떠올랐습니다.

"교수 채용 시 자기소개서를 보낼 때는 완벽한 영문으로 보내야만 어느 정도 가능성이 있습니다. 수백 통의 자기소개서 중에서 영문법도 제대로 안 된 소개서는 읽어보지도 않고 탈락시키게 되어 있거든요."

이 얘기가 사실이라면 나는 일단 누군가에게 내가 쓴 영문의 자기소개서를 조금 손봐달라고 부탁해야만 했습니다. 하지만 다른 한편으로 생각하니 내가 수많은 사람들을 제치고 교수가 되리라는 보장도 없는데 그렇게까지 수선을 떨 필요가 없겠다는 마음도 들었습니다.

'하나님의 인도하심이라면 그렇게 하지 않아도 되고, 그분의 인도하심이 아니라면 그렇게 해도 안 될 것이다.'

결국 나는 이 생각을 붙들기로 했습니다. 혼자 준비한 서류 그대로 학교 당국에 보냈습니다. 이제 손에서 떠난 주사위. 결과가 어떻게 될지는 알 수 없지만 내가 할 수 있는 건 그 결과를 기다리고 받아들이는 것, 그것밖에 없었습니다.

사람이 무엇이관대

원서를 낸 지 얼마나 지났을까요? 어느 날인가 라이트 주립대학교 음악과 과장으로부터 전화가 걸려왔습니다. 몇 가지 내게 질문을 해오고 나는 비교적 평안하게 답을 했습니다. 나중에 알게 된 일이었지만, 채용 마감이 끝난 시점에서의 경쟁률은 83 대 1이었습니다. 보통 교수 채용 광고가 나가면 몇백 대 일의 경쟁률을 기록하는데, 그때는 바이올린, 실내악, 지휘 세 분야를 모두 갖춘 조건의 교수를 채용한다는 점에서 지원자가 적을 수밖에 없었습니다. 그중에는 이미 다른 대학에서 풀타임으로 가르치고 있는 교수가 7명이나 되었습니다. 그들이 여러 모로 나보다 유리한 조건이었으므로 내가 될 가능성은 적은 상황이었습니다.

음악과 과장은 내게 이런 말을 남기며 전화를 끊었습니다.

"당신이 그다음 단계에 뽑히면 2주 안에 전화를 다시 주겠습니다."

전화 통화 후 한국인 교수에게 물어보니 학교 측으로부터 그런 전화를 받은 것은 1차 관문에 합격했다는 뜻이므로 이제 2차 관문에 합격하기를 기다리라는 얘기를 해주었습니다.

'내가 1차 관문에 합격했다고?'

이 생각만으로도 갑자기 긴장이 배가 되었습니다. 혹시나 하는 마음에 다른 일들도 손에 잡히질 않았고, 기다리는 2주 동안에는 전화벨이 울리기만 해도 깜짝깜짝 놀라곤 했습니다. 드디어 2주 후, 이번에는 교수채용위원회 위원장으로부터 전화가 걸려왔고 곧바로 15~20분 동안 전화 인터뷰가 이어졌습니다.

"다음 단계에 뽑히면 2주 후에 전화를 주겠습니다."

위원장 역시 담백하고도 간결하게 이 말을 남기고는 전화를 끊었습니다. 그때부터는 2주의 시간을 어떻게 보냈는지 모르겠습니다. 하루 종일 입이 바짝바짝 마르고, 별로 하는 일이 없는데도 저녁이 되면 피곤해 곯아떨어질 지경이었습니다. 행여 우체부가 올까 노심초사하기도 했습니다. 불합격한 사람에게는 학교 측에서 정중한 편지를 보내오기 때문이었습니다. 심신이 쇠약해질 정도의 사무치는 사모함을 느껴보기는 그때가 처음이었던 듯합니다. 새벽마다 이어진 기도가 더욱 간절해졌습니다.

내가 여호와의 성전 뜰을 애타게 그리워하다가
쓰러질 지경이 되었습니다.
나의 온몸과 온 마음으로 살아계신 주께 부르짖습니다.
만군의 여호와, 나의 왕이시여 나의 하나님이시여,
주의 제단 곁에는 참새도 깃들 곳이 있고,
제비도 새끼를 품을 보금자리가 있습니다.
주의 집에 사는 사람들은 행복합니다.
그들이 주를 영원히 찬송할 것입니다.

주께로부터 힘을 얻는 사람은 행복합니다.

시온을 향하여 가는 것을 사모하는 사람은 행복합니다.

시편 84편 2~4절

나의 사무치는 간절함을 하나님께서 보셨던 것일까요?

2차 관문에 합격했다는 소식과 함께 세 번째 관문의 시험이 남아 있다는 연락을 학교 측으로부터 받았습니다. '텔레폰 컨퍼런스telephone conference'라는 이 시험은 교수들이 한 방에 다 모인 채 스피커로 내게 전화를 해서 인터뷰를 하는 테스트였습니다. 이 시험을 위해 몇 월 며칠 몇 시에 전화를 할 테니 기다리고 있으라는 연락을 받고부터는 얼마나 목이 타들어갔던지요. 혹 당황해서 말을 더듬으면 어쩌나 하는 염려로 하루하루를 보냈습니다. 한국말로 인터뷰를 해도 중요한 시험 앞에서는 더듬는 법인데, 영어로 인터뷰를 하는 그 자리에서 내가 얼마나 대답을 잘할 수 있을지 장담할 수 없었습니다. 이번에도 기도하는 것 외에 내가 준비할 수 있는 것은 하나도 없었습니다.

내 아들아, 내 지혜에 주목하고, 내 명철에 네 귀를 기울여라.

그러면 네가 늘 분별력을 갖게 되어

네 입은 지혜로운 말만 할 것이다.

잠언 5장 1~2절

드디어 시험 당일. 나는 약속한 시간에 맞춰 방에서 기다리며 잠시 기도를 드렸습니다. 전화벨 소리가 울리자 아내가 방 안으로 들어오려 했지만 나는 아내조차 못 들어오도록 방문을 걸어 잠근 채 혼자 텔레폰 컨퍼런스에 응했습니다.

적막 속에서 진행된 30분간의 인터뷰. 인터뷰는 막힘없이 슬슬 풀렸습니다. 내게 쏟아지는 질문 내용은 내가 전혀 예측하지도, 상상하지도 못했던 것들이었지만 놀랍게도 나는 당황하거나 떠는 기색 없이 일목요연하게 답변할 수 있었습니다. 나의 능력을 초월한 집중력이 그 순간에 내게 임했던 것일까요? 교수들의 질문이 스피커로 전달되어 오는데도 "다시 한 번 얘기해달라"고 요청한 적이 없을 정도로 모든 질문들이 귀에 잘 들어왔고, 내 영어 실력 안에서 또박또박 답변할 수 있었습니다. 답변을 하면서도 스스로가 놀랄 정도였습니다. 30분 동안의 인터뷰를 마치자 그쪽에서는 이번에도 같은 말을 남기고 전화를 끊었습니다.

"파이널 리스트 세 명 안에 들면 다시 연락하겠습니다."

파이널 리스트 세 명. 하나님의 은혜로 여기까지 왔고 텔레폰 컨퍼런스까지 잘 마치긴 했지만, 과연 내가 그 파이널 리스트에까지 오를지는 예측이 되지 않았습니다. 새벽마다 나의 기도는 더욱 간절해지고, 하루하루를 애타게 보낼 수밖에 없었습니다. 그래서인지 "파이널 리스트 세 명 안에 들었으니 몇 월 며칠 몇

시에 학교에 와서 3박 4일 동안 테스트를 받으라"는 내용의 전화를 받을 때는 정신이 멍할 지경이었습니다. 학교 측의 공공성과 신중함에 대해서도 다시 한 번 놀랐습니다. 세 명을 2주 간격으로 따로 불러 테스트를 한다니 미국이란 나라에서 교수가 되는 일이 얼마나 어렵고 까다로운지도 실감할 수 있었습니다.

나는 그 세 명 중 가장 첫 순서였습니다. 교수들과 학생들을 모아놓고 독주회를 하고, 오케스트라 리허설도 하며, 학생들에게 개인 레슨을 하는 것이 3박 4일 동안 내가 치를 테스트 내용이었습니다. 거기다 총장, 과장, 학장, 학생들과 각각 미팅을 하며 나의 사람됨과 실력을 평가받아야 하는 시간도 있었습니다. 심사위원들과 함께하는 식사시간마저도 평가 과정에 포함된다니 모든 게 놀라웠습니다.

테스트에 대한 설명을 들은 후부터 나는 2주 동안 최선을 다해 준비를 해나갔습니다. 우선은 먼저 오케스트라 지휘할 곡을 꼼꼼히 들여다보았습니다. 그런데 그 오케스트라 연주곡 안에는 곡에 대한 설명이 여러 나라 말로 기록되어 있었습니다. 어떤 부분은 프랑스어, 어떤 부분은 독일어, 어떤 부분은 이탈리아어. 지휘자에게는 곡에 대한 해석이 여러 모로 중요했기에 나는 사전을 찾아가며 그 모든 뜻을 일일이 해석해나갔습니다. 그런데 눈이 빠지도록 악보를 들여다봐도 시원하게 해석되지 않는 한 부분이 들어왔습니다. 이탈리아로 설명이 된 그 부분을 그냥 스쳐 지나갈 수도 있었지만, 만에 하나 학생들이 질문해왔을 때 명쾌한 답을 주지 못할 수도 있다는 생각에 마음이 안타까웠습니다. 사전을 아무리 찾아서 해석해봐도 시원하게 해석이 되지 않는 묘한 부분이었습니다.

어느덧 시간은 흘러 테스트 날짜가 다가왔습니다. 이제는 모든 걸 하나님의 인도하심 속에 맡기고 학교로 향할 수밖에 없었습니다. 학교로 가는 비행기 안에 오르자 내 마음 한구석에는 해석되지 않는 그 악보가 먼저 떠올랐습니다. 악보를 펼쳐놓고 다시 들여다보았지만 도무지 그 부분이 풀리지 않았습니다. 답답한 마음에 옆 좌석에 앉은 할아버지께 인사를 건네며 기분을 전환하려 애썼습니다.

"안녕하세요, 할아버지? 어디 다녀오시는 길이세요?"

"저쪽 캘리포니아 쪽에 휴가 다녀와."

짧은 인사를 나눈 뒤 나는 다시 악보를 들여다보았습니다. 그러자 할아버지가 다시 대화를 이어가셨습니다.

"음악을 하는 분이구만."

"네."

"나도 음악을 전공하려고 하다가 어떻게 엔지니어링을 전공하게 됐어."

"아, 그러세요?"

그렇게 대화를 이어가면서 나는 깜짝 놀라고 말았습니다. 대화를 나누는 그 할아버지가 바로 음악을 공부한 이탈리아 사람이었기 때문이었습니다. 이 사실을 확인한 나는 얼른 악보를 보여드리며 해석이 안 되었던 부분에 대한 해석을 부탁드렸고, 역시나 명쾌한 대답을 들을 수 있었습니다.

물론 나는 테스트를 치르면서 그 부분에 대한 질문을 받지는 않았습니다. 하지만 비행기 안에서의 이 일로 인해 나는 매우 좋은 예감을 안고 평안한 마음으로 모든 시험에 응할 수 있었습니다. 누군가 나와 동행하시며 나를 돕고 계시다는 확신이 들었던 것입니다.

그래서였을까요? 모든 시험 일정을 마치고 집으로 돌아올 때 예감도 무척 좋았습니다. 한국인 교수의 말처럼, 시험을 치르면 어느 정도 결과를 예측할 수 있다고 하더니 나 또한 왠지 될 것만 같은 기분이 들었습니다.

아내 역시 같은 마음이었나 봅니다. 나 외의 다른 두 사람이 2주 간격으로 파이널 테스트를 치르는 동안에 우리 부부는 이런 대화까지 나누고 있었습니다.

"여보, 우리 이사 가게 되면 집은 어떻게 구하지?"

마치 교수 임용이 결정된 것처럼 이런 대화를 주고받던 우리는 불현듯 정신을 차리고는 다시 말을 정리하곤 했습니다.

"우리 지금 무슨 얘기하고 있는 거야? 아직 결정 나지도 않았는데……."

그렇게 우리는 기다림을 기대 속에서 보내고 있었습니다. 그렇지만 다른 한편으로 냉정하게 생각해보면, 내가 교수가 될 확률은 매우 적었습니다. 파이널 리스트 세 명 안에 들었던 다른 두 명은 분명 미국인일 테고, 실력으로도 나보다 못하지는 않을 듯했습니다. 그렇다면 미국인에다 건강한 그들 중 한 명을 뽑지, 외국인이며 핸디캡을 안고 있는 나를 뽑을 이유가 없었습니다. 하지만 그것도 역시 나의 추측일 뿐이므로 이제 와서 그런 상념들을 붙잡을 필요는 없었습니다. 모든 생각을 내려놓은 채 그저 나의 소망을 하나님께 아뢰며 즐겁게 기다리자고 마음먹었습니다.

그러던 어느 날, 학교 측으로부터 전화가 걸려왔습니다. 내 비자 상태가 어떤지를 확인하기 위함이었습니다. 아직 학생비자 유예 기간이 남아 있을 때라 그대로 답했습니다. 학교 측에서는 그 사실을 확인 후 전화를 끊었습니다.

그때부터 아내와 나는 기대 반 긴장 반으로 또다시 피가 마르는 시간을 보냈습니다. 정말 하루 종일 전화만 쳐다보았다고 해도 과언이 아니었습니다. 그렇게 이틀을 보내자 학교로부터 전화가 걸려왔습니다.

"축하드립니다. 당신을 우리 학교의 교수로 최종 결정했습니다."

그 전화를 받는 순간의 심정은 지금까지도 어떻게 표현이 잘되지 않습니다. 기쁘다고 해야 할지, 멍하다고 해야 할지 모르는 마음이었습니다.

"네? 아 네, 감사합니다. 감사합니다."

나는 마치 올림픽에서 첫 금메달을 딴 사람처럼 가슴이 메였던 것 같습니다. 원서를 낼 때부터 최종 발표를 받기까지의 장장 7개월의 기간 동안 마라톤을 해서 금메달을 따낸 심정이었다고 하면 조금 더 정확한 표현이 될지도 모르겠습니다. 아니, 어쩌면 7개월간의 마라톤이 아니었을 수도 있습니다. 아홉 살에 재활원에 맡겨져 열한 살에 바이올린을 배우던 그 순간부터 시작된 마라톤이었는지도 모릅니다. 그렇게 오랫동안 달린 나의 마라톤에 대해 하나님께서는 '교수 임용'이란 방식으로 내게 화관을 씌워주시는 듯했습니다.

나는 그 화관이 내 인생 전반기에 대한 하나님의 격려의 화관이요, 새롭게 시작될 내 인생 후반기에 대한 응원의 화관이라 믿었습니다. 아무것도 없던 내게 모든 것을 주시며 나를 인도하셨던 하나님께서 이번에도 내게 축복의 화관을 씌워주고 계셨습니다.

주님의 하늘을 바라봅니다.

주님의 손가락으로 지으신 하늘을 생각해봅니다.

주님께서 하늘에 자리를 정해준 달과 별들을 생각해봅니다.

사람이 무엇이기에 주님께서는 그를 기억하시고,

인간이 무엇이기에 주님께서는 그를 돌보아주시는지요?

주님께서는 사람을 천사보다 조금 못하게 지으시고,

그 머리에 영광과 존엄의 왕관을 씌우셨습니다.

시편 8편 2~4절

Finale

4악장

사랑은 우리를 꿈꾸게 한다

처음처럼 마지막까지

약함의 축복으로

나이 사십 초반에 교수가 되고 보니 새로운 고민도 생겨났습니다. 초등학교 5학년 가을에 바이올린을 배우기 시작한 이래 계속해서 바이올린과 지휘 공부만 해왔을 뿐, 교수로서의 삶을 준비해본 적은 없었습니다. 물론 대전시립교향악단의 악장을 맡아 활동한 내역은 있었지만, 영어권 나라에서 정식으로 사회 활동을 하는 것은 처음이었습니다. 교수들 간의 커뮤니케이션과 학생들과의 소통 문제, 또 교수 생활을 하면서 나의 음악 활동을 어떻게 병행해야 할지에 대해 고민될 수밖에 없었습니다.

그런 면에서 교수가 된 것은 결코 골인 지점에 도달한 게 아니었습니다. 마라톤으로 치면 이제 겨우 반환점 정도를 돈 셈이었고, 그 지점에서 하나님으로부터 격려의 화환을 받은 것이었습니다.

그렇다면 이제 남은 절반의 하프코스를 어떻게 달려야 할까요? 지금까지는 그저 누가 달리라고 하면 달리고, 물을 주면 목을 축이는 정도였다면, 반환점을 돈 앞으로는 어떤 모습, 어떤 마음으로 골인 지점을 향해 달려야 할지를 알고 싶었습니다. 그런 내게 하나님께서는 다음의 두 가지 마음을 주셨습니다.

'따라감과 나눔.'

하나는 지금까지 그래왔듯이, 목자 되신 주님을 바라보며 한 걸음 한 걸음 '따라가면' 된다는 것이었습니다. 어떤 면에서 나는 두 다리를 쓰지 못했기 때문에 하나님의 인도하심을 잘 받을 수 있었습니다. 그분이 내 뒤에서 휠체어를 미는 그 속도대로, 그 방향대로 내 몸을 맡긴 채 따라가기만 하면 되었으니 말입니다.

만약 나의 두 다리가 멀쩡했다면, 혹은 백그라운드가 좋았다거나 경제력이 받쳐줬다면 나는 내 생각대로, 내 속도대로 방향을 틀고 달려왔을 것입니다. 그랬다면 분명 지금의 내 모습과는 다른 모습, 다른 얼굴로 살아가고 있겠지요. 아마도 다리의 힘 조절을 못해서, 때로는 내 생각이 넘쳐서 가지 말아야 할 곳으로 달리다가 부서지고 깨지고 넘어졌을 가능성이 높습니다.

그래서 나는 "내가 약할 그때가 곧 강할 때(When I Am Weak, Then I Am Strong)"라는 성경 말씀을 참 사랑합니다. 약한 만큼 강하신 그분의 은혜를 받을 수 있고, 그 인도하심 대로 따라갈 수 있으니 말입니다.

나의 지난날들을 돌아봐도 이 사실을 확인할 수 있습니다. 내가 길을 잃었을 때는 뭔가를 이룬 사람처럼 생각하며 나 자신을 의지할 때였습니다. 내가 강할 그때, 나는 약한 사람이 되고 말았던 것입니다. 반면 길을 잘 찾아갔을 때는 내가 너무 약해서 나를 의지할 아무것도 발견하지 못할 때였습니다. 내가 약했기에 그분이 비춰주시는 불빛만을 의지해 가다 보면 그곳에 바로 푸른 초장, 쉴 만한 물가가 나타나곤 했습니다. 내가 약할 그때에 하나님께선 나를 강하게 세워주셨던 것입니다.

그런 면에서 우리가 가진 약함이야말로 축복이고 은혜의 통로라 할 수 있습니다. 우리는 약한 만큼 어깨의 힘을 뺄 수 있고, 그렇게 힘이 빠진 그 자리에 하나님의 능력, 하나님의 지혜, 하나님의 사랑, 하나님의 도움이 임하기 때문입니다.

그러므로 세상에서 가장 불쌍한 사람은 약한 사람이 아닙니다. 자신만의 힘으로 길을 헤쳐나갈 수 있다고 생각하는 강한 사람이 바로 가장 불쌍한 사람입니다. 아무리 강한 체력과 많은 물질과 높은 학력과 거대한 배경을 가졌어도 그것은 바람이 불면 한순간에 사라질 수 있는 이 땅의 유한한 것들이 아니겠습니까?

나는 태생적으로 나 자신을 의지할 게 거의 없었습니다. 그래서 한 걸음 한 걸음 그분이 비추시는 길을 따라갈 수 있었고, 그분이 결국 거기까지 인도하셨습니다. 나의 약함이 축복이 된 것입니다.

대학 교수가 된 그때에 나는 이런 사실들을 떠올리고 있었습니다. 그리고 내가 서 있는 그 자리 역시 한 걸음 한 걸음 주님께서 내시는 길을 따라가야 하는 자리라는 사실에 직면했습니다. 모든 게 처음 해보는 일들이었고, 내 능력으로는 도저히 감당할 길이 없는 자리가 그 자리였기 때문입니다. 하지만 '그렇기 때문에 안심하라'는 마음도 들었습니다. 주님을 의지하면서 한 걸음 한 걸음 따라가면 되기에 그렇습니다. 그분이 주시는 지혜를 의지하고 그분이 내시는 길을 성실하게 잘 따라가는 것만이 나의 남은 마라톤 경기를 승리로 이끄는 비법입니다.

세 가지 분야의 평가

미국 대학의 음악과 교수의 업무 능력은 대략 세 가지로 평가됩니다. 학생들에 대한 수업 teaching 능력과 대외적인 음악 활동(연구 업적), 그리고 학교를 위한 서비스.

이 중에서 수업에 관한 부분부터 하나님의 은혜가 아니고서는 설명할 수 없는 일들이 일어났습니다. 물론 나는 최선을 다해 수업을 준비해가긴 했지만, 학생들을 상대로 영어로 강의하며 바이올린을 가르치고, 60여 명 되는 학교 오케스트라와 리허설을 하기란 쉬운 일이 아니었습니다. 그런데도 수업을 하다 보면 스스로가 깜짝 놀랄 만한 음악적 영감이나 지혜가 떠올라 수업이 잘 이루어지곤 했습니다. 그럴 때마다 나는 그 지혜가 누구에게서 오는지를 알았기에 그분께 잠잠히 감사로 영광을 돌렸습니다.

두 번째인 음악 활동 부분에 대해서도 기대 이상의 성과가 이루어졌습니다. 교수가 된 이후 하나님께서는 교내뿐 아니라 전 세계를 돌며 연주회를 하도록 길을 내고 계셨습니다. 이를 암시라도 하듯, 학교에서 열렸던 나의 첫 독주회 때부터 연주회는 성황리에 이루어졌습니다. 몰려온 관객을 다 수용할 수 없어 연주회가 30분씩이나 미뤄질 정도였지요. 웬만해선 연주회 시간을 미루는 법이 없는 미국이란 나라에서 말입니다. 소방법을 철저히 지키는 까닭에 계단이나 복도에 보조 의자를 놓는 일도 거의 없는 그 나라에서 그날만큼은 예외로 보조의자 100개를 계단에 가져다 놓기도 했습니다. 학교 측에서도 놀랐고 나도 놀랐습니다.

첫 독주회인 관계로 학교 안에서도 내가 그다지 알려지지 않았던 때에 사람이 엄청나게 많이 모이게 된 데에는 그곳 데이튼 한인 사회의 도움이 컸습니다. 내 연주회 소식을 듣고 한인들이 대거 몰려왔던 것이지요. 이 일로 인해 학교에서는 한인 사회를 다시 보게 되었고, 나 역시 조국의 품 안에서 따뜻한 격려를 받은 듯해 매우 힘이 났습니다.

그 이후 미국 전역의 교회로부터 간증 초청과 함께 연주회 초청이 이어졌습니다. 아시아, 유럽 등 전 세계로부터 초청받아 연주하는 일도 잦았습니다. 또한 베데스다 4중주단과 다시 만나 한국과 미국, 일본을 오가며 장애인들을 위한 연주회도 종종 가졌습니다. 다른 음악과 교수들이 부러워할 정도로 연주회 초청이 쇄도했습니다.

그러다 보니 교수가 된 이후의 방학은 거의 연주회 일정으로 가득 채웠던 것 같습니다. 방학이 아닐 때에도 마찬가지였습니다. 주말마다 초청받은 곳으로 다녀오다 보니 때로는 금요일 수업을 마치자마자 공항으로 가서 비행기를 타고 캘리포니아로 갔다가 그곳에서 연주회를 마친 후 월요일 저녁 수업을 위해 월요일 새벽에 급히 비행기를 타고 학교로 돌아오는 날도 있었습니다. 미국은 같은 나라 안에서도 시차가 많이 나는 곳이라 그런 일정들이 무리가 될 수도 있었지만 나는 의식적으로 초청받은 연주회를 다 감당하려 했습니다.

그것은 연주자로서의 활동 욕심 때문이 아니었습니다. 큰 연주회든 작은 연주회든, 유료 연주회든 무료 연주회든, 연주회의 자리는 하나님께서 내게 베풀어주시는 선물의 자리이자 또한 내가 감당해야 할 사명의 자리라 여겼기 때문입니다. 음악은 그분이 내게 주신 선물이기에, 음악적인 나눔에 있어서만큼은 순종과 기쁨으로 감당하는 사람이 되고 싶었던 것입니다.

그 결과, 나는 음악과 교수들 중 연구 실적이 가장 높은 사람이 되었습니다. 1년이면 100회 이상의 연주회를 가졌으니 학내, 국내, 국외의 연주 활동에 대한 교수 평가 점수의 기준 점수를 훨씬 웃도는 평가를 해마다 받게 된 것입니다.

교수 평가 항목 중 마지막 세 번째인 '학교를 위한 서비스' 측면에서도 내가 의도하거나 계획하지 못했던 일들이 해마다 생겨나면서 학교를 대내외에 알리는 역할을 충실하게 감당하게 되었습니다.

그 가운데 하나가 2001년도에 대한민국의 공영방송인 KBS의 〈수요기획〉이라는 프로그램에 나의 삶이 소개되었던 것입니다. 이 일로 인해 오하이오 주 라이트 주립대학도 대한민국 전역에 소개가 되었고, 2002년도에는 미국의 한 대형교회에서 간증과 연주회 초청이 있었는데, 그 실황이 미국 전역에 방송되면서 유명세를 타기도 했습니다.

2003, 2004, 2005년도 역시 마찬가지였습니다. 해마다 미처 생각지 못했던 일들이 주어지며 학교를 위한 서비스 역할까지 감당하게 되었습니다. 하나님의 선물이라고밖에는 말할 수가 없었습니다.

교수 심사위원 만장일치로

이런 시간들로 인해 나는 미국 대학에 조교수로 부임한 지 7년째 되던 해에 '테뉴어트랙Tenure Track'이라는 심사제도에 대학 심사위원의 만장일치로 종신교수로 부임받고 부교수로도 승진하게 되었습니다. 처음 조교수로 학교에 부임할 때만 해도 당장 첫 수업부터 어떻게 해야 할지 몰라 고민하던 내가 학교 내외 심사위원들로부터 높은 심사 평가를 받으며 퇴직이 보장된 종신교수가 된 것입니다. 종신교수가 되면 어떤 경우에도 내가 퇴직을 원할 때까지 교수직을 보장받을 수 있게 됩니다. 종신교수가 되자 한 동료 교수가 내게 축하의 말을 전하며 이렇게 조언했습니다.

"차 교수님, 지금까지 그러셨듯이 종신교수를 받은 이후에도 테뉴어를 받기 전과 똑같은 마음으로 교수 생활을 하십시오. 그게 가장 중요합니다."

테뉴어를 받기 전과 똑같은 마음. 그것은 법적으로 미래를 보장받은 자가 가질 수 있는 안이함과 나태함을 절대로 용납하지 말라는 뜻이었습니다. 종신교수가 되면 일종의 기득권자가 되므로, 보장되지 않은 미래를 바라보며 열정과 겸손으로 달리던 때의 모습이 사라질 수도 있음을 경계하는 조언이기도 했습니다.

동료 교수의 애기를 들으며 내가 그동안 미래가 보장되지 않은 길을 달려왔다는 게 얼마나 큰 축복이었는지 새삼 깨닫게 되었습니다. 바이올린을 처음 배웠을 때도, 베데스다 4중주단 활동을 시작할 때도, 아내와 연애를 할 때도, 유학 와서 공부를 할 때도 나는 언제나 보장된 미래라는 게 없었습니다. "이거 하면 이렇게 된다"는 확실한 결과물이 내 손 안에 주어지지 않은 상태였습니다. 다만 나는 한 걸음 한 걸음 주님께서 비춰주시는 빛을 보며 달렸을 뿐이고, 다 달리고 난 뒤에는 예상하지 못한 선물이 놓여 있곤 했습니다.

보장되지 않은 길을 달린다는 것, 그건 막막함이 아니라 축복이었습니다. 내 앞에 어떤 시간이 펼쳐질지 모르기 때문에 우리는 전능자 하나님을 의지하며 겸손하게 뛸 수 있기 때문입니다.

나는 동료 교수님이 주셨던 그 조언을 의식적으로 종종 떠올리곤 합니다. 또한 조교수로서 처음 이 대학에 발을 들여놓았을 때 하나님 앞에 가졌던 그 마음도 되새겨보곤 합니다. 나는 이제 인생의 반환점을 돌았을 뿐, 골인 지점까지는 계속해서 그분의 인도하심을 따라 달려야 하는 사람에 불과하다는 그 사실을 말입니다. 조교수든 종신교수든 나는 인생을 마치는 그 순간까지 목자의 인도하심을 받아야만 하는 그분의 어린 양이기 때문입니다.

내가 하나님께서 원하시는 모습으로
이미 완성되었다고 말하는 것이 아닙니다.
나는 아직 목표에 이르지 못했습니다.

나는 그 목표를 향해 열심히 달리고 있으며,

그리스도 예수께 잡힌 바 된 그것을 잡으려고 쫓아가고 있습니다.

빌립보서 3장 12절

어메이징 마에스트로

음악은 훈련이다

라이트 주립대학 음악과 교수로 임명받았을 때부터 학교 측에서는 내게 대학 오케스트라 지휘를 맡겨주었습니다. 처음부터 이 교향악단의 지휘를 맡기기 위해 관현악과 지휘 전공 여부를 음악과 교수의 자격 요건에 넣었던 것입니다.

'유니버시티 심포니 오케스트라University Symphony Orchestra.' 이 교향악단은 재학생 절반과 일반인 절반으로 구성되어 있었습니다. 일반인들의 경우 프로페셔널 음악가들은 아니었지만 실력 면에서는 남 못지않음을 알 수 있었습니다. 이 대학의 생물학과 교수이면서 첼로를 하시는 분을 포함, 대부분이 음악 전공자들이면서 중간에 다른 직업을 가진 이들이었고, 그래서인지 음악에 대한 사랑과 열정도 매우 커 보였습니다. 새로 지휘자로 들어온 나를 바라보는 그들의 눈빛 속에서 그 열정을 읽을 수 있을 정도였으니까요.

나는 그 단원들을 이끌고 1주일에 세 시간씩 수업 방식으로 연습을 했습니다. 세계적인 지휘자에 비하면 비교조차 되지 않는 부족한 나였지만 단원들은 12년 동안 한결같이 나를 믿고 잘 따라와주었습니다.

하지만 처음엔 스스로 느끼는 갈등이 참 많았습니다. 앞선 고백처럼, 지휘를 할 때만큼 나의 핸디캡을 강하게 느낀 적이 없었기 때문입니다. 그 폭발하는 듯한 음악적인 절정 앞에서 나는 일어서고 싶고 날고 싶었습니다. 그러면 그럴수록 휠체어를 타고 있다는 압박감은 나를 심하게 옭죄어 왔습니다.

지휘! 지휘가 무엇일까 그때 참 많이 생각했습니다. 온 관객의 시선이 모아지는 곳, 다른 단원들과는 비교가 안 되게 스포트라이트가 향하는 곳, 그곳이 바로 지휘자의 자리였습니다. 손끝하나로 음악의 흐름을 산으로 가게 할 수도 있고 바다로 가게 할 수도 있는 사람이 바로 지휘자였습니다. 그렇게 중요하고 화려한 자리이기에 지휘자의 능력이 따라주지 않는다면 언제든 그 자리를 내려놓아야 한다고 생각하고 있었습니다. 그런 까닭에 더욱 핸디캡의 압박에 눌렸는지도 모릅니다. 나의 장애가 내가 추구하고 그리는 음악 세계를 표현해내는 데 그만큼 큰 핸디캡으로 다가왔던 것입니다.

그러나 그런 갈등과 고뇌에도 불구하고 12년 동안 계속해서 지휘할 수 있었던 데에는 몇 가지 이유가 있었습니다.

첫째는 내게 맡겨진 오케스트라가 '가르치는 것^{teaching}'에 보다 더 중점을 둔 교향악단이라는 점이었습니다. 즉, 대학 오케스트라 지휘자인 내게 요구되는 부분은 화려한 프로페셔널 지휘자에게서 보여지는 쇼맨십이 아니라 좀 더 학구적인 것, 좀 더 세부적인 지도였다는 것입니다. 실제로, 나의 오케스트라 지휘 수업 시간은 교수 평가 항목에서도 '티칭'에 들어가는 부분입니다.

단원들과 몇 번의 수업을 하며 스스로 갈등하던 나는 어느 날 이 사실을 깨닫게 되었습니다. 내가 집중해야 할 것은 탁월하고 멋진 지휘자로 서는 것이 아닌 단원들 한 사람 한 사람을 가르쳐서 좋은 소리가 나도록 훈련시키는 데에 있다는 것을 말입니다.

그래서 나는 부임한 지 얼마 안 될 때부터 쉬운 곡보다는 어려운 곡, 까다로운 곡을 골라 엄격하게 맹연습을 시키는 지휘자가 되어갔습니다. 그러자 학생들이 적잖이 당황하는 눈치였습니다. 정해진 시간 안에서 단원들의 긍정적인 면을 부각시키며 무난하게 진행하던 기존의 미국식 수업 방식과는 달랐기 때문이었지요. 어느덧 학생들 사이에서 나는 '까다로운 지휘자'로 소문이나게 되었습니다.

하지만 이런 까다로움을 성숙한 일반인 단원들은 상당히 좋아
했습니다. 지휘자의 까다로움이 지휘자 자신을 위한 것이 아니
라 오케스트라의 아름다운 소리를 위한 것이고, 단원들을 위한
것임을 철이 든 어른들은 먼저 알아챘던 것입니다.

결국 그들의 적극적인 호응으로 수업은 점점 탄력을 받았고,
나중엔 학생 단원들의 호응까지 이끌어낼 수 있었습니다. 비가
오나 눈이 오나 학생들과 어른들은 수업에 빠지지 않고 거의 전
원이 열심히 참여하며 배움의 열의를 불태워갔습니다. 그 결과
단원들 모두가 아름다운 소리를 만들어가는 기쁨을 누리게 되기
도 했습니다. 그들의 도전과 훈련으로 오케스트라는 성장할 수
있었습니다.

나는 그런 계절을 보내며 이따금씩 추웠던 겨울날 연탄광에서
바이올린을 연습하던 시절이 떠오르기도 했습니다. 그리고 새삼
깨달음을 얻은 사람처럼 무릎을 치며 감탄하기도 했습니다.

'아, 우리에겐 반드시 훈련이 필요한 시기가 찾아온다. 그럴
때 그 훈련을 잘 감당하면 아름다운 선율이 대가로 주어진다.'

추웠던 그 겨울, 연탄가루를 들이마시며 바이올린을 연습하던
그 시간들이 오늘의 나를 이끌기 위한 하나님의 훈련이었다는
생각에 나는 종종 오케스트라를 지휘하다 눈물을 글썽거리기도
했습니다.

훈계를 받는 바로 그때에는 즐거움이 없고 고통스럽습니다.

그러나 후에 그 훈계 때문에 더 나은 사람이 된다면,

우리에게 평안이 있을 것입니다.

왜냐하면 우리가 올바른 길 안에서 살아가게 되었기 때문입니다.

히브리서 12장 11절

음악은 관계다

내가 지휘를 계속하게 된 두 번째 이유는 '음악은 관계'라는 사실 때문이었습니다. 나는 지휘자로서 단원들과의 교감, 관계의 흐름이 얼마나 중요한지를 잘 알고 있습니다.

음악은 앙상블입니다. 소리의 조화가 생명이지요. 그런데 그 앙상블은 단원들의 기술이나 지휘자의 음악적 능력만으로 만들어지지 않습니다. 지휘자와 단원들 간의 인격적인 존중과 교류가 하나의 호흡처럼 숨을 쉴 때 최고의 앙상블을 낼 수 있습니다.

그래서 지휘자는 단원들을 훈련시킬 줄도 알아야 하지만 때론 기다려줄 줄도 알아야 합니다. 도전을 던져줄 때도 있지만 격려하며 품어줘야 할 때도 있습니다. 지휘자와 단원들 간의 하나 된 관계, 또 단원과 단원들 간의 하나 된 소통을 위해서입니다. 하나 된 소통이 이루어져야만 교향악단에서 최고의 소리가 나오는 까닭입니다.

그런 면에서 지휘자가 갖춰야 할 첫째 요건이 음악적 능력이라면, 둘째는 인품이라고 할 수 있습니다. 하나 됨으로 이끄는 인품이 없다면 그 지휘자는 결코 아름다운 음악으로 안내할 수가 없다는 얘기입니다.

우리가 잘 아는 유명 지휘자들을 봐도 이 사실을 알 수 있습니다. 겉으로 카리스마를 내뿜고 때론 예민하다 못해 괴팍해 보이기까지 할 때도 있지만, 그들을 실제로 만나보면 그들이 왜 세계적인 지휘자로, 음악가로 서게 되었는지를 확인할 수 있습니다. 그들은 음악적 능력만이 아니라 소통을 위한 성품, 하나 됨을 위한 성품 면에서도 뛰어난 사람들이라는 것입니다.

언젠가 지휘자 오자와 세이지小澤征爾를 만났을 때도 이 사실을 확인할 수 있었습니다. 대전시립교향악단 악장 시절, 일본의 한 지인으로부터 초청을 받아 정두영 선생님과 함께 그분이 이끄는 보스턴 심포니 오케스트라 연주회에 간 적이 있습니다. 일본에서 열린 이 연주회는 오자와 세이지의 명성만큼이나 성황을 이루어서 전석 매진인 상태였고, 그분의 지휘와 교향악단의 연주는 너무나 훌륭하고 아름다웠습니다.

연주회가 끝난 뒤 기립박수를 받는 오자와 세이지를 보니 마치 비를 맞은 듯 온몸이 땀으로 흠뻑 젖어 있었습니다. 그래서인지 그분은 연주회가 끝난 다음에 축하객들을 일체 만나지 않는 걸로도 유명했다고 합니다. 온몸을 불사르며 지휘를 한 탓에 더이상 사람을 만날 기력이 없었던 탓이겠지요.

그런데 그날만큼은 무대 뒤에서 나를 만나주었고 웃음으로 인사를 나눈 뒤 사진까지 찍었습니다. 그때 내가 놀랐던 것은 그 짧은 순간에도 발휘되는 그분의 소통에 대한 인품이었습니다. 그분은 휠체어에 앉은 나의 눈높이에 맞추어 무릎을 꿇은 채 사진을 찍고 있었습니다. 다른 사람들은 다 서 있는데, 연주회를 마쳐 정신이 없는 오자와 세이지 그분만이 나의 눈높이, 나의 키 높이에 맞춰 사진을 찍더라는 것입니다.

그 후에도 내겐 탁월한 음악가들을 계속해서 만날 수 있는 기회가 주어졌는데, 그때마다 나는 오자와 세이지에게서 느꼈던 겸손의 인품을 똑같이 느끼곤 했습니다. 그리고 확인할 수 있었지요. 그들은 결코 음악적 능력만으로 유명해진 것이 아니라는 것을, 그들에게는 하나 됨을 이루려는 아름다운 성품이 있다는 것을…….

그것은 당연한 일이기도 합니다. 음악이란 바로 나 자신을 표현하는 것이기 때문이지요. 음악가의 내면세계는 어떤 방식으로든 반드시 음악적인 결과로 나타나게 되어 있습니다. 즉, 내면이 아름답지 않은 음악가는 결국 음악가로서의 생명력을 지닐 수 없다는 뜻이기도 합니다.

우리가 잘 아는 악성 베토벤의 경우만 해도 그렇습니다. 그의 사진을 보면 웃는 사진이 거의 없습니다. 심각하고 불우한 인생의 시간들을 많이 보낸 만큼 그의 표정엔 괴팍함과 우울함과 울분이 묻어 있습니다. 그럼에도 불구하고 그의 음악을 들어보면 인생의 고뇌와 분노 속에 아지랑이처럼 피어나는 어떤 아름다움을 느낄 수 있습니다. 눈물 속에서도 날아다니는 아름다움의 실체가 듣는 이들의 영혼에 가 닿는 것입니다.

그것이 무슨 뜻이겠습니까? 우리 눈에는 악상 베토벤의 외모만 보이지만 사실 그의 내면에는 아름다움이 있었다는 뜻입니다. 소년 같은 사랑의 마음과 질주하는 열정, 생에 대한 경외심과 겸손이 그 속에서 활활 타오르고 있었다는 얘기입니다. 음악은 결코 현란한 기술이나 꾸밈만으로 이루어지는 게 아니라 아름다운 내면세계, 아름다운 인품으로 이루어진다는 걸 베토벤도 보여주고 있었던 것입니다.

지휘자는 음악가입니다. 결코 기술자가 아니라는 뜻입니다. 즉, 지휘자야말로 자신이 가진 음악적 능력과 함께, 하나 됨을 이끌려는 세계관과 인품으로 교향악단의 아름다운 소리를 이끌어내는 사람입니다. 지휘자가 이런 인품을 발휘하지 못하면 결코 앙상블이 나올 수가 없다는 것입니다.

라이트 주립대학 교수로 들어가 지휘에 대해 한참 고민하고 있을 때 하나님께선 내게 지휘자에 대한 이런 시각을 갖도록 하셨습니다. 앉아서 지휘해야 하는 내 특성상 임팩트 있게 지휘하지 못하는 것으로 인해 괴로워할 때, 하나님께선 내가 집중해야 할 것이 결코 그런 것이 아님을 알려주셨습니다. 관계의 하나 됨을 통해 나오는 아름다운 앙상블, 그것을 위해 지휘하라 하셨습니다.

그 뒤부터 나는 까다롭지만 자애로운, 엄격하지만 기다릴 줄 아는 그런 지휘자가 되려고 노력했습니다. 그리고 그런 노력은 내 인생의 지휘자이신 하나님이 어떤 분이신지를 묵상할수록 내 삶의 실제적인 열매가 되어 돌아왔습니다.

어메이징 마에스트로Amazing maestro. 나는 하나님을 이렇게 부르곤 합니다. 그분은 내 인생의 오케스트라를 구성하시어 나를 바이올리니스트로 앉히시고, 또 한 사람 한 사람을 불러 비올라, 첼로, 더블베이스, 심벌즈의 자리에 앉히셨습니다. 그런 우리가 자신의 악기를 연주하면서 소리를 낼 때 서로의 소리를 돕도록 인도하셨고, 또한 우리 각자가 그분의 지휘를 바라보며 그분과 한마음이 되도록 하셨습니다. 그렇게 그분과 내가, 또 우리 서로가 한마음이 되어 연주를 하다 보면 우린 각각 가장 좋은 소리를 내면서도, 서로의 소리를 가장 잘 도울 수 있었습니다.

어떻게 그럴 수 있었겠습니까? 그건 하나님의 모습 자체가 어메이징 마에스트로였기 때문입니다. 그분은 음악적 능력이 누구보다 탁월한 전능자이시면서, 또한 사랑과 기쁨과 평화와 오래

참음과 자비와 착함과 성실과 온유와 절제의 아름다운 성품^{갈5:22}을 지니신 진리와 은혜의 하나님이셨던 것입니다.

완벽한 능력도 있지만 아름다운 성품도 함께 지니신 어메이징 마에스트로. 그 하나님께선 우리에게도 하나님의 그런 모습을 닮아가라 하시는 듯합니다. 그래서 나는 지휘를 포기할 수가 없습니다. 비록 부족한 점이 많지만, 이 지휘를 하는 동안 내 인생의 지휘자이신 마에스트로 하나님을 바라볼 수 있고, 또 바라보는 만큼 조금씩 닮아갈 수 있으니 말입니다.

음악은 핸디캡을 뛰어넘는다

내가 지휘를 계속할 수 있었던 세 번째 이유는 아름다운 음악은(인생이란) 장애나 어려운 환경을 뛰어넘는다는 사실을 발견했기 때문입니다.

이 사실을 확신하게 된 건 러시아 상트페테르부르크 교향악단 St. Petersburg Philharmonic Orchestra의 객원 지휘자로 초대를 받아 지휘를 할 때였습니다.

당시 나는 절친한 지인들의 소개와 후원으로 여름 백야축제 시즌에 맞춰 그곳에 가게 되었습니다. 옛날에는 거의 모든 명판들이 레닌그라드(상트페테르부르크의 옛 이름) 필하모닉오케스트라를 통해 나올 만큼 그 음악적 깊이 면에서 타의 추종을 불허하는 교향악단이었기에 내 마음은 기대와 설렘으로 흥분되어 있었습니다. 그러면서도 세계적인 교향악단 앞에서 내가 어떻게 지휘해야 할지에 대한 걱정도 함께 찾아왔습니다.

그런데 막상 러시아에 도착한 다음 날, 교향악단과의 첫 연습을 위해 연주홀을 찾은 나는 고개를 갸웃거렸습니다. 유명한 교향악단의 연습실이라고 하기에는 스튜디오의 입구부터가 엉성하기 짝이 없었습니다. 깨진 슬레이트 지붕에 금이 간 벽들……. 약간 과장해서 표현하자면, 붕괴 직전의 이런 건물에서 어떻게 연습을 하는지 모를 일이었습니다. 게다가 출입구는 어찌나 불편하던지 나처럼 운동감각이 좋은 장애인이 아니고서는 휠체어를 타고 들어올 수조차 없을 정도였습니다.

먼지까지 날리는 스튜디오에서 나는 잠시 호흡을 가다듬고 단원들을 기다렸습니다. 잠시 후, 악기를 들고 들어오는 단원들을 보자 나의 놀라움은 또 한번 커졌습니다. 그들은 조금 전까지만 해도 밖에서 독한 담배를 피우며 어슬렁거리던 사람들이 아니겠습니까? 나는 그들을 보며 근처에서 일하는 일꾼들이라고만 생각했지, 그들이 바로 그렇게도 유명한 오케스트라 단원들일 거라고는 생각지도 못했던 것입니다.

첫 대면부터 심상치 않은 인상을 받은 나는 알렉산더 슈스틴 _{Alexander Shustin}이라는 유명한 악장과 먼저 인사를 나누었습니다. 그런데 이틀 동안 리허설을 하며 녹음을 한 후 마지막 토요일에 연주를 하게 되어 있었는데, 그는 첫날부터 아무런 사전연습 없이 음만 맞춘 후에 바로 녹음을 시작한다고 얘기하는 게 아니겠습니까? 나는 속으로 '말도 안 된다'고 생각했습니다.

하지만 곡의 첫 음이 '뺑' 하고 나는 순간, 나는 '그게 가능하겠구나'라고 확신하게 되었습니다. 나와 처음으로 호흡을 맞추며 베토벤의 〈황제〉를 연주하는 그 순간, 그들에게선 너무나 웅장하고 아름다운 소리가 터져 나왔기 때문이었습니다.

게다가 나를 대하는 그들의 태도 속에서 그들이 왜 그토록 깊이 있는 음악가로 정평이 나 있는지를 짐작할 수 있었습니다. 객원 지휘자에 불과한 나를 향해 악장인 알렉산더 슈스틴은 꼬박꼬박 '마에스트로'라는 존칭을 쓰며 존중을 표했습니다. 유명한 음악인으로서, 또 러시아인으로서, 자신과는 다른 동양인이자 객원 지휘자인 나를 무시할 수도 있을 법한데, 그에게선 손톱만큼도 그런 태도를 찾아볼 수 없었습니다. 그건 다른 단원들도 마찬가지였습니다. 연습을 하는 그 순간, 그들의 태도는 마치 나를 상임지휘자처럼 바라보고 존중하는 듯했습니다. 음악에 대한 열정이 그들을 그렇게 만들고 있었습니다.

에어컨도 없는 공간에서 몇 시간 동안 옷이 흠뻑 젖을 정도로 연습하는데도 누구 하나 짜증을 낸다거나 빨리 끝내자고 성화를 부리는 사람은 없었습니다. 마지막 날 연습 시간에는 내가 정해진 시간보다 5~10분 정도 일찍 끝내려 하자 악장이 손을 들어 "한 번만 더 해보자"며 정해진 연습 시간을 넘길 정도였습니다. 미국이라는 실용적인 나라에 몸담았던 나로선 참으로 낯선 풍경이었습니다. 정해진 시간만큼, 자신들이 받는 돈의 액수만큼만 연주하고 연습하지, 그 이상이라는 걸 절대로 허용하지 않는 자본주의적 사고방식과는 분명 차이가 나는 태도였습니다. 돈을 뛰어넘고, 시간을 뛰어넘는 그들의 음악적 열정이 그들의 태도를 만들고 있었던 것입니다.

그 덕분에 그들이 내는 소리는 그동안 내가 들었던 어떤 소리보다 아름다웠습니다. 그동안 내가 가보았던 어떤 연습실보다 가장 낙후되고 초라한 그곳에서 그들은 가장 좋은 소리를 내고 있었던 것입니다.

놀랄 만한 일은 또 있었습니다. 그곳에 소속된 레코딩 엔지니어는 우리의 연습 첫날의 연주 실황부터 편집을 하며 곡 전체를 녹음해야 했는데, 녹음실이 3층인 관계로 그는 헤드폰으로 연주를 듣고 마이크로 자신의 의견을 내보내는 방식으로 작업을 해나갔습니다.

그런데 내가 놀란 것은 20대밖에 안 된 그 엔지니어에 대한 단원들의 순종이었습니다. 그 친구의 실력이 얼마나 탁월했던지 연주 도중 그가 마이크로 '스톱'을 외치면 단원들은 일제히 연주를 멈추곤 했습니다. 그러면 그가 "어떤 악기의 어느 부분의 소리가 이상하다"든지의 지적을 했고, 단원들은 곧바로 교정을 해서 연주를 다시 시작했습니다. 물론 지휘자인 내가 연주하다가 멈추게 할 때도 있었지만, 레코딩 엔지니어가 멈추게 할 때도 많았습니다. 그런데도 엔지니어보다 두세 배는 나이가 많은 단원들도 누구 하나 짜증을 내는 법 없이 100퍼센트 순종을 하며 따라오는 것입니다.

그에 대한 놀라움은 거기서 그치지 않았습니다. 녹음이 다 끝난 후 엔지니어는 내게 와서 편집된 음악을 들어보라고 했습니다. 편집이라는 게 원래는 지휘자와 상의하며 해야 하는 것인데, 그는 이미 편집을 다 끝냈다고 말해왔습니다. 나는 사람들의 등에 업힌 채 꼭대기 층에 있는 녹음실로 갔습니다. 그런데 녹음실이라는 게 동네 녹음실보다 더 보잘것없어 보였습니다. 벽에 아무렇게나 박혀 있는 못에 와이어 몇 개가 걸려 있고 싸구려 컴퓨터에 있는 녹음 소프트웨어로 작업하고 있다는 걸 대번에 알 수 있었습니다. 이런 구형의 녹음실에 유럽의 엄청난 연주자들이 와서 녹음 작업을 하고 간다는 게 믿기지 않을 정도였습니다.

어쨌든 나는 그곳에서 편집된 연주실황을 듣고 몇 군데를 지적했습니다. 그러자 그는 곧바로 수정을 하는 내게 마스터 테이프를 건네왔습니다. 그때 내가 말했습니다.

"아직 확정된 건 아니지만, 한국에 돌아간 후 가능하면 소니 Sony/BMG 음반회사에 부탁해서 음반을 내려고 합니다."

나의 말을 듣자 엔지니어가 곧바로 답해왔습니다.

"그렇다면 혹시 누가 이 테이프를 리마스터링한다면 음반에서 내 이름을 빼주십시오."

리마스터링이라면 음반을 낼 때, 녹음된 연주실황을 듣고 고도의 기술 전문가가 밸런스나 음질 등의 완벽을 가하기 위해 기술적인 작업을 다시 하는 걸 말합니다. 리마스터링을 하려면 별도의 고가 비용이 들긴 하지만, 연주자의 자존심 때문이든 음반회사의 자존심 때문이든 리마스터링을 거쳐 가지 않을 수가 없지요. 그래서 나는 '이 친구가 왜 그런 얘기까지 할까?' 싶었습니다. 당연히 내가 비용을 부담하더라도 리마스터링을 해야 한다고 생각했으니까요.

그후 나는 연주회까지 잘 마친 후 곧바로 서울에 돌아가 소니 관계자와 함께 음반 일을 추진했습니다. 소니 측에서도 내가 건넨 마스터 테이프를 듣고는 회의 끝에 음반을 내기로 결정을 했습니다. 그 소식을 듣자마자 제가 물었습니다.

"리마스터링은 어떻게 하기로 했나요?"

"네, 리마스터링은 안 해도 되겠습니다."

아, 그 대답을 듣고 얼마나 신선한 충격을 받았던지……. 그 정교하고 화려한 녹음 장비를 갖춘 음반회사에서도 더 이상 손볼 게 없을 정도의 기술을 젊디젊은 러시아 엔지니어가 갖고 있었다는 게 새삼 놀라웠습니다. 그것도 동네 녹음실보다 못한 그

누추한 장비만으로 그는 가장 훌륭한 기술력을 발휘하고 있었던 것입니다.

이 사실을 떠올리며 러시아에서 만난 사람들을 생각하니 감동이 밀려왔습니다. 허름한 스튜디오에서 가장 웅장한 소리를 내는 오케스트라 단원들과 가장 초라한 녹음 장비로 가장 섬세한 녹음을 해낸 엔지니어…….

아, 그러고 보니 러시아에서 나는 또 한 사람에게 감동을 받았습니다. 베토벤의 피아노협주곡 5번 〈황제〉를 연주한 피아니스트 이재혁이란 친구였습니다. 그는 휠체어 장애인인 나와 달리, 앞을 못 보는 시각장애인이었습니다. 앞을 못 보는데 어떻게 피아노를 치냐고요? 그는 피아노 건반뿐 아니라 악보 전체를 외워서 피아노를 치는 사람이었습니다. 음악에 대한 재능과 열정이 얼마나 큰지 미국에서 박사 학위까지 받으며 피아노를 공부한 사람이었지요. 내가 볼 때에도 음악에 대한 그의 재능은 결코 앞이 안 보인다는 장애에 갇혀 있지 않았습니다. 앞을 볼 줄 아는 어떤 피아니스트보다 그가 내는 소리는 아름다웠고 섬세했으며 웅장했습니다.

고수는 고수를 알아본다고, 이 사실을 그곳의 천재 엔지니어도 알아보았던 것 같습니다. 단원들의 미세한 실수 하나까지 짚어내며 연주를 자꾸만 중단시켰던 엔지니어는 이재혁 피아니스트의 연주에 대해서는 단 한 번도 멈추게 하지 않았습니다. 사실 내가 들기에도 그가 내는 소리에는 흠 잡을 데가 전혀 없었습니다.

결국, 그때의 연주 여행에서 받았던 감동은 한 가지 가르침으로 귀결되고 있었습니다. 진정한 음악은 결코 어려운 환경에 갇히거나 신체적 장애에 굴복되는 법이 없다는 사실입니다. 어쩌면 환경적 장애나 신체적 장애가 깊을수록 우리는 음악의(인생의) 아름다움을 동경하게 되고, 동경하는 만큼 우리는 아름다운 연주를 할 수 있는지도 모릅니다. 마치 어둠이 짙을수록 밤하늘의 별들이 더 영롱하게 반짝이듯이 말입니다.

러시아 상트페테르부르크 필하모닉과의 연주회 이후, 나는 앉아서 지휘하는 나의 한계에 대해 자유할 수 있게 되었습니다. 내가 앉아서 지휘하기 때문에 내 마음의 노래는 이미 다른 사람들보다 더 넓고 푸른 창공으로 날아다니고 있음을 알았기 때문입니다.

음악의 절정은 앙상블이다

좋은 단원이 되려면

2001년도에 교수가 된 이후 하나님께선 내게 '따라감'과 '나눔'에 대해 말씀하셨습니다. 그리고 나는 지휘를 하면 할수록 하나님의 그와 같은 명령이 얼마나 당연한 것인지를 알게 되곤 했습니다.

하나님이 어메이징 마에스트로라면 나의 이름은 바이올린을 연주하는 한 사람의 단원이었습니다. 그런데 이 단원에게 가장 중요하게 요구되는 사항은 마에스트로의 지휘봉을 잘 보는 일입니다. 지휘봉을 보면서 지휘자의 속도, 지휘자의 느낌을 잘 따라

가는 것이 가장 아름다운 앙상블을 위한 첫 번째 길이지요. 만약 단원이 지휘자를 보지 않으면 그는 자신의 음악도 망칠뿐더러 다른 이들의 음악도 망쳐버리는 사람이 되고 맙니다.

지휘자로서 음악 지도를 하다 보면 이 사실과 맞닥뜨릴 때가 종종 있습니다. 한 번이라도 더 나를 쳐다보며 느낌을 공유하려는 단원일수록 음악적 앙상블을 이루는 데 좋은 역할을 한다는 점도 발견합니다. 그러니 나의 지휘하는 손끝을 자주 보는 단원일수록 더 고맙고 더 예쁘게 보일 수밖에 없습니다.

단원들에게 요구되는 두 번째 사항도 매우 중요합니다. 이에 대해 이해하려면 먼저 오케스트라에서 어떤 기준으로 단원을 선발하는지를 알 필요가 있습니다.

보통 뉴욕 필하모닉 오케스트라 같은 유명 오케스트라에서 단원 한 사람을 모집한다는 광고를 내보내면 전 세계에서 수백 명이 몰려옵니다. 그것도 어린 시절부터 오케스트라 단원이 되기위해 교육받고 훈련받은 수준급의 연주자들이 몰려오지요.

그런데 여기에서 우리의 생각과 다른 부분이 있습니다. 그렇게 유명한 오케스트라 단원이라면 공개 오디션을 치른 사람 중 가장 실력이 좋은 사람이 뽑힐 것 같지 않습니까? 하지만 막상 뽑힌 단원을 보면 독보적으로 연주를 잘했던 사람이 아닌 경우가 있습니다. 왜 그럴까요? 왜 교향악단의 지휘자나 악장은 천재적인 연주자가 아닌 다른 사람을 단원으로 뽑는 경우가 많을까요? 그것은 자신의 색채를 따라 독보적으로 연주만 잘하는 사람은 교향악단 전체가 내는 흐름이나 스타일을 깨뜨릴 여지가 있기 때문입니다.

반면, 그 사람보다는 약간 연주 실력이 떨어지더라도 교향악단의 전체적인 흐름이나 호흡을 잘 맞출 수 있는 여지가 있는 사람을 지휘자는 단번에 알아봅니다. 그런 사람을 발견하게 되면 지휘자나 악장은 연주 실력이 2~3위밖에 안 되더라도 그 사람을 단원으로 뽑습니다.

결국은 화합이 중요하다는 뜻입니다. 앙상블이 중요한 오케스트라에서는 천재적인 한 사람의 튀는 소리보다는 서로가 서로를 돕는 소리가 매우 중요하다는 얘기입니다. 때론 내가 아니라 피아노 협주곡이나 바이올린 협주곡 등에서 상대방의 소리가 돋보이도록 내 소리에 숨을 죽여야 할 때도 있고, 때론 다 같이 온 힘을 모아 천둥소리를 내야 할 때도 있습니다. 지휘자가 의도하는 소리의 하모니를 위해 이 모든 걸 할 수 있는 사람, 그런 사람이 좋은 단원이 되기 위한 두 번째 요건이라는 것입니다.

"서로의 소리를 돕는 사람이 되라."

결국, 마에스트로 하나님께서는 이 명제를 단원인 내게도 주셨습니다. 교수가 된 이후, "앞으로 어떻게 남은 하프 코스를 달려갈까요?"라고 묻는 내게 주신 하나님의 두 번째 마음이 바로 이것이었습니다. 도우라는 것, 나누라는 것, 다른 사람을 세우라는 것입니다. 지금까지 내가 다른 단원들의 소리를 들으며 도움을 입었다면, 이제는 내가 다른 단원들의 소리를 돕는 사람이 되라는 것입니다. 그것이 오케스트라 속 한 사람의 단원으로 부름받은 내가 해야 할 두 번째 사항이었습니다.

이것은 사실 단원이라면 마땅한 일이기도 합니다. 우리는 서로가 서로에게 빚진 자들이기 때문입니다. 생각해보십시오. 바이올린 연주자가 있으면 트럼펫 연주자도 있습니다. 비올라 연주자도 있고, 큰북, 트라이앵글, 심벌즈 연주자도 있습니다. 즉, 다른 악기를 연주하는 누군가가 있기 때문에 나는 바이올린을 연주하는 사람이 될 수 있습니다. 누군가 새벽마다 거리를 청소하기 때문에 나는 깨끗한 차림으로 출근할 수 있고, 키가 작은 내가 있음으로 인해 키가 큰 너도 존재할 수 있습니다. 다시 말해 우리는 이 세상을 조화롭게 하시려는 하나님의 법칙 안에서 누군가에게 한 가지씩의 빚을 지고 있는 사람이라는 뜻입니다.

이것을 조금 더 깊게 해석하면 부자인 사람은 가난한 사람에게 빚을 지고 있다는 걸 알게 됩니다. 건강한 사람은 연약한 사람에게 빚을 지고 있으며, 음악인은 음악의 혜택을 받지 못한 사람들에게, 문인들은 독자들에게 빚을 지고 있습니다. 우리는 무언가를 갖지 않은 누군가가 있음으로 무언가를 가질 수 있는 사람들이기 때문입니다.

그래서 세상을 지휘하시는 하나님께서는 내가 조금이라도 더 가진 것들이 있다면 못 가진 자들과 나누기를 원하십니다. 그렇게 내가 가진 악기로 다른 악기의 소리를 돕고 채워줌을 통해 세상에서 가장 아름다운 앙상블을 이루고 싶어 하시는 분, 그분이 바로 마에스트로 하나님이셨습니다.

그래서 우리 몸에 나뉨이 없게 하시고
몸의 여러 지체들이 서로 돌보며 살게 하셨습니다.

고린도전서 12장 25절

중국 재활원을 시발점으로

2001년도에 《아름다운 남자, 아름다운 성공》(토기장이)이라는 나의 첫 번째 책이 나오고 몇 년이 지나서였을 겁니다. 어느 날 내 이메일함으로 편지가 한 통 날아왔습니다. 내용은 대략 다음과 같습니다.

"차인홍 교수님, 안녕하세요? 저는 차 교수님의 책을 읽고 감동 받은 사람 중 한 사람으로, 의료선교를 하는 의사입니다. 베이징에 의료선교를 다녀오던 중 미국에 들어가기 위해 인천공항에 들렀다가 공항에서 교수님께 이메일을 드립니다. 그 이유는 제가 지금 다녀온 중국의 한 재활원이 마치 차 교수님이 어린 시절을 보내셨다는 그 재활원과 너무 비슷한 것 같다는 마음이 들어서입니다. 교수님의 책을 읽으면서 제 머릿속에 그렸던 그림이 그곳에 펼쳐져 있더라고요. 그래서 드리는 말씀인데, 교수님께서 한번 그곳에 다녀오시면 어떠신지요? 그곳 아이들에게 교수님이 희망이 되어주셨으면 좋겠습니다."

그분의 편지를 받자마자 나는 1초의 망설임도 없이 답을 드렸습니다. 당연히 시간을 내어 가보겠다고. 그러자 그분으로부터 이런 답장이 왔습니다.

"교수님, 그곳에 다녀오시는 비행기표나 숙소는 물론 모든 일체의 경비는 대드릴 수가 없습니다. 그래도 다녀오실 수 있으신지요?"

그 메일을 받는 순간, 약 5~6초 정도 내 머릿속에 멈칫하는 마음이 들었지만 그것도 잠시, 나는 혹여 마음이 변할 새라 즉시 답을 드렸습니다.

"네, 걱정 마십시오. 경비는 제가 알아서 부담하겠습니다. 꼭 다녀오도록 할게요."

경비 일체를 부담해야 한다는 그분의 메일 내용을 받고 잠시 멈칫한 것은 아직은 내게 그럴 만한 경제적 여유가 없어서였습니다. 물론 교수가 된 이후 좋은 집에서 살며 전에 없던 여유를 가지게 된 건 맞지만, 다달이 집세며 세금 등을 지불하는 자본주의적 방식의 삶에서는 교수의 월급만으로 큰 여유를 갖기란 어려운 법이었습니다.

하지만 그때를 기점으로 하나님께서는 내게 '나눔의 삶'에 대한 걸음을 용기 있게 떼도록 격려하고 계셨습니다. 그 아이들을 위해 나의 것을 조금이라도 나누려는 마음만 있다면 나머지 문제들은 하나님께서 해결해주시리라는 생각도 들었습니다.

과연 하나님께서는 그 길을 선하게 인도해주셨습니다. 빡빡한 연주회 일정을 뒤로한 채 베이징에 다녀오는 시간을 우선순위로 넣자마자 때를 같이하여 지인들의 도움이 들어왔고, 나는 그 경비로 아내와 함께 베이징 재활원으로 향할 수 있었습니다.

드디어 도착한 베이징의 한 재활원. 놀랍게도 그곳은 정말 내가 자란 재활원과 너무도 흡사했습니다. 시설은 내가 자란 곳보다 조금 나았지만, 어디에서도 돌봄을 받지 못하는 40~50명의 장애아들이 모여서 노는 모습하며, 한 귀퉁이에서 바이올린을 켜고 있는 모습까지 그 옛날의 나를 떠올리기에 충분했습니다.

나는 감회에 젖어 재활원 아이들 모두를 불러 옆에 있는 가게로 데리고 가서 아이스크림을 사줬습니다. 그 옛날에 우리 재활원을 방문해주신 분들이 어린 우리들에게 재활원 옆의 가게에서 과자를 사주셨듯이 말입니다.

그곳에서 연주회를 하며 사랑을 나누자 그곳 아이들은 그 옛날의 내가 그랬듯, 긴장의 눈빛을 풀지 않은 채 음악에 대한 어떤 감동도 나타내지 않았습니다. 멀뚱멀뚱 쳐다보는 정도였지요. 하지만 나는 믿었습니다. 어린 시절의 내가 그랬듯, 이 아이들의 표정과 태도는 동토처럼 얼어 있었지만, 그 마음속의 상처들은 음악이 주는 파장으로 인해 눈 녹듯 조금씩 녹아내리고 있었을 거라고. 어린 내가 강민자 선생님의 바이올린 소리를 듣는 순간 내 마음의 빗장을 스르르 열고 세상을 향해 뛰어나가고 싶은 열망을 가졌던 것처럼, 내가 조금이라도 아름다운 소리를 냈다면, 그 아이들의 마음 어딘가에 분명 봄 햇살이 비집고 들어갔을 거라고…….

어쩌면 하나님께선 그 순간을 위해 나의 악기를 연마하도록 이끌고 계셨는지도 모릅니다. 세상을 향한 소통의 소리, 얼어붙은 마음을 녹이는 사랑의 소리를 내게 하시려고, 내 삶의 구석구석 그분 자신을 계시하시며 한량없는 은혜로 채워주셨던 것입니다.

그와 같은 하나님의 인도하심과 은혜를 생각하니 나는 베이징의 아이들 앞에서도 흐르는 눈물을 주체할 길이 없었습니다. 그러자 뭔지 모를 뜨거움이 내 안에서 솟구치면서 한 가지 사실과 대면하게 되었습니다. 지금껏 내가 수많은 사람들의 악기 소리를 들으며 여기까지 왔다면, 이제는 내가 강민자 선생님이 되고 김태경 목사님이 되어 전 세계에 있는 차인홍이란 소년에게 이 바이올린 소리를 들려줘야 할 때가 왔다는 것이었습니다.

'아, 더 이상 늦출 수가 없구나.'

이제는 하나님께서 가라 하시는 그곳에 가서 언제든 하나님께서 세상을 향해 들려주고 싶어 하시는 사랑의 노래를 연주해야겠다는 마음 앞에 내 마음은 왜 그리도 벅찼는지 모르겠습니다.

그것은 아마 내가 받은 은혜가 얼마나 큰 것이었는지, 나를 향한 하나님의 사랑이 얼마나 놀라운 것이었는지 베이징의 아이들을 보며 연주하던 그 순간 집채만 한 파도의 감동으로 다가왔기 때문인 것 같습니다.

한량없는 은혜, 갚을 수 없는 사랑……

내 삶을 움직이는 원리는 이 두 가지였습니다. 그렇다면 앞으로의 내 삶이 어떠해야 할지는 자명한 일이었습니다. 나의 마지막 호흡이 다하도록 그 노래를 부르는 것이었습니다. 나의 호흡이 다하도록 내가 연주해야 할 곡은 바로 〈하나님의 은혜〉였습니다.

나를 지으신 이가 하나님
나를 부르신 이가 하나님
나를 보내신 이도 하나님
나의 나 된 것은 다 하나님 은혜라

나의 달려갈 길 다 가도록

나의 마지막 호흡 다하도록

나로 그 십자가 품게 하시니

나의 나 된 것은 다 하나님 은혜라

한량없는 은혜 갚을 길 없는 은혜

내 삶을 에워싸는 하나님의 은혜

나 주저함 없이 그 땅을 밟음도

나를 붙드시는 하나님의 은혜

—CCM 〈하나님의 은혜〉

나의 꿈, 하나님의 꿈

인생의 중년을 맞이하면서 내 삶의 패러다임은 '따라감' 과 '나눔'으로 자리잡아갔습니다. 자연스럽게 나의 스케줄에도 크고 작은 변화들이 생겨났습니다. 방학 때마다 연주회뿐 아니라 교회 간증과 선교여행, 장애인 음악회 등의 일정들이 내 스케줄을 가득 채웠습니다. 한국, 일본, 중국은 물론 동남아시아와 유럽, 미국 전역을 돌며 연주하고 간증하면서 나는 나의 약함과 그런 내게 하나님께서 베푸신 은혜를 자랑했습니다.

내가 꼭 자랑해야 한다면, 나의 약함을 자랑하겠습니다.

고린도후서 11장 30절

그렇게 몇 년을 연주회로 섬기다 보니, 때론 어떤 이들로부터 "오늘 교회에 처음 왔다가 차 교수님 연주와 간증을 듣고 예수님을 믿기로 했어요"라는 고백을 듣기도 했습니다. 장애를 가진 아이들로부터는 "교수님은 나의 롤모델이에요"라는 황송한 고백도 받아봤습니다. 때로는 휠체어를 타고 유럽 연주회를 갔다가 곧바로 동남아 선교여행을 가는 등의 강행군을 건강하게 감당하기도 했습니다.

1년 365일. 학교에서는 교수로, 밖에서는 연주자나 지휘자로, 또 하나님의 자녀로 살아가는 나의 일상들은 늘 그렇게 흥미롭고 행복하게 채워져갔습니다. 그 모든 일정을 어떻게 다 소화하느냐고 걱정해본 적도 없습니다. 신기하게도 하나님의 타이밍과 속도 속에서 나는 부족함 없이 교수로, 연주자로, 지휘자로, 또 하나님의 자녀로서의 삶을 행복하게 영위해가고 있으니까요. 단 1분도 너무 바빠서 힘들다거나 혹은 비슷하게 반복되는 일들이 지루하다고 느껴본 적이 없을 정도로 나는 매일매일이 감사하고 흥미진진하며 행복합니다.

그런 가운데 새삼 알게 되는 사실이 있습니다. 하나님께선 내게 '나눔'을 말씀하셨지만, 그 나눔이라는 명제를 주신 것도 내

입장에선 너무나 황송하고 감사한 일이라는 것입니다. 하나님께서 부어주시는 은혜가 없다면 내게 나눌 수 있는 게 무엇이 있겠습니까? 즉, 하나님께서 나누라, 도우라 하실 때는 내게 부어주시는 은혜도 그만큼 많을 것임을 뜻한다고 볼 수 있습니다. 그래서 우리는 하나님 앞에 '순종'으로만 반응하면 되는 것 같습니다. 어려움이 있어도 "가라" 하실 때 가고 "나누라" 하실 때 나누면, 결국 하나님께선 우리에게 가장 좋은 것들을 주시는 아버지이시기 때문입니다.

> 너희를 위해 세운 나의 계획을 내가 알고 있으니
> 내가 너희에게 재앙이 아닌 희망이 넘치는 미래를 주려 한다.

예레미야 29장 11절

그런 그분이 몇 년 전부터 내게 꿈꾸게 하신 일이 하나 있습니다. 바로 장애인들을 돕는 장학재단의 일입니다. 10년 전 첫 번째 책이 출간된 후, 한국의 장애인 학생들로부터 나는 종종 이메일을 받곤 했습니다. 자신이 이러이러한 장애를 가졌고 경제적으로도 어려운데 공부할 수 있는 길이 없냐는 내용이었습니다.

그런 메일을 받을 때마다 격려의 답장을 보내주긴 했지만, 속 시원한 해결을 주지 못했던 게 늘 내 마음에 아쉬움으로 남았습니다. 그런 학생들에게 내가 있는 라이트 주립대학과 같은 곳으로 오게 해주면 얼마나 좋을까 싶은 마음도 들었습니다. 장애인들의 천국이라는 미국에서도 장애인 시설에 관한 점수 배점표에서 100퍼센트라는 놀라운 점수를 받는 이런 곳에서 그들이 마음껏 공부하며 미래를 꿈꿀 수 있게 해준다면 그들은 또한 세상을 향해 아름다운 소리를 내게 되지 않겠습니까? 하지만 이런 나의 바람은 마음속 소망으로만 머물러 있곤 했습니다.

그러다 몇 년 전, 이제는 움직일 때가 되었다는 하나님의 사인을 받게 된 일이 있었습니다. 한번 생각에 집중하면 두 시간이든 세 시간이든 그 생각이 성취되는 그림을 그리며 꿈꾸는 내 습관대로, 그날 나는 한국인 장애인 학생들을 미국으로 데리고 와서 공부시키고 돌봐주는 상상을 나도 모르게 골똘히 하고 있었습니다.

그렇게 몇 시간을 그 생각에 몰입했을까요? 퍼뜩 제정신이 든 나는 우편물을 확인하러 가는 평소의 습관대로 음악과 사무실로 내려가 내게 온 우편물을 수거해서 교수 연구실로 돌아왔습니다. 그런데 그날따라 신기한 편지가 한 통 와 있는 것이었습니다.

보내는 이의 주소에 '찰리 할머니'라는 내용 외에는 어떤 것도 적혀 있지 않았고, 그 안을 들여다보니 두 장의 수표가 넣어져 있었습니다.

'아니, 웬 수표지?'

나는 의아한 마음에 편지를 꼼꼼히 읽어 내려갔습니다. 편지 내용은 다음과 같았습니다.

"차인홍 교수님, 이것은 작은 돈이지만 차 교수님께 드리는 돈은 아닙니다. 그저 차 교수님께서 이 돈을 어려운 학생을 위해 쓰시기를 바라는 마음에 보내드립니다."

찰리 할머니라는 분이 그날 보내주신 편지와 돈은 그간 내가 꿈꿔왔던 장학재단에 대해 이제는 움직일 때가 되었다는 하나님의 사인임과 동시에, 그 장학재단이 어떻게 실현이 가능한지에 대해 구체적으로 알려주시는 하나님의 방법이기도 했습니다.

그간 나는 장학재단이 설립되려면 기업이나 큰 부자들이 기부해야만 가능하다고 생각했습니다. 그러나 하나님의 생각은 그게 아닌 듯했습니다. 장학 사업은 부자나 기업이 아니라 이 세상의 수많은 찰리 할머니를 통해 이루어질 수 있다고 말씀하시는 것 같았습니다.

'아, 내가 왜 이 사실을 몰랐을까?'

그리고 보니 내가 그동안 미루고 있었을 뿐, 순종하려는 마음만 있다면 이 사업은 큰 액수가 아니어도 얼마든지 시작할 수 있는 일이었습니다.

얼마 전 한 선교지에 갔을 때도 그것을 확인했습니다. 선교지에 세워진 음악학교에 다니는 한 장애인 학생을 돕기 위해선 많은 돈이 필요한 게 아니었습니다. 한 달에 오십 달러씩만 보내줘도 그 학생은 장애 속에 갇히지 않고 아름다운 소리를 꿈꾸며 세상으로 달려 나갈 수 있었습니다. 꼭 거금이 아니어도, 꼭 미국으로 데려오는 방식이 아니어도, 세계 곳곳에 있는 장애인 학생들을 도울 수 있는 길은 얼마든지 있었던 것입니다.

그때부터였을 것입니다. 사람들이 내게 "지금 차 교수님이 꿈꾸고 있는 일이 무엇이냐?"고 물으면 이렇게 답하곤 했습니다. 세계 곳곳의 장애인 아이들이 모여 곳곳에서 오케스트라를 이루고, 그곳에서 그들이 마에스트로 하나님을 바라보며 연주함으로써 아름다운 앙상블을 낼 수 있도록 돕는 것이라고.

나는 더 이상 음악가로서 내 개인의 명성이 높아지는 걸 꿈꾸지 않습니다. 부자가 되어 화려하게 사는 것도 바라지 않습니다. 이미 나는 하나님의 오케스트라 안에 소속되어 행복하게 연주하는 한 사람의 단원이 되었고, 그분이 주시는 양식으로 배부른 자가 되었기 때문입니다.

내가 어떻게 그런 사람이 될 수 있었을까요? 그것은 내가 악기를 가질 수 있도록, 또 세상을 향해 나의 소리를 낼 수 있도록 보이지 않게 도왔던 수많은 사람들이 있었기 때문입니다.

하나님께서는 이 사실을 기억하게 하시며 오늘도 내게 꿈을 주십니다. 못 걷는 자, 못 보는 자, 아픈 자, 목마른 자들이 악기 하나씩을 들고 모여 이 세상을 향하신 하나님의 완벽한 하모니를 연주할 수 있도록, 이 일을 위해 이제 그만 첫발을 떼어야 하지 않겠냐고 격려하십니다.

　나는 오늘도 행복합니다. 그들에게 바이올린, 비올라, 첼로, 오보에, 클라리넷, 콘트라베이스 등의 악기가 건네지는 그날 그 때가 되면, 이 세상에는 천상의 소리가 울려 퍼질 것이기 때문입 니다. 그 소리로 인해 세상은 더욱 아름다운 하모니를 이룰 것이 기 때문입니다.

　그날을 꿈꾸며 오늘도 나는 아침을 맞이합니다. 그날을 꿈꾸 며 기도하고, 그날을 꿈꾸며 연주합니다. 나를 여기까지 오게 하 신 하나님의 은혜를, 또 다른 차인홍을 푸른 초장까지 이끄실 하 나님 사랑의 끝없는 열정을……